大国战略

世界视野下中国决策的历史依据、现实抉择及未来趋向

金一南 等著

中国军事文化讲坛 主编

中国言实出版社

图书在版编目（CIP）数据

大国战略 / 中国军事文化讲坛主编；金一南等著. —北京：中国言实出版社，2017.5（2021.3重印）

ISBN 978-7-5171-2346-0

Ⅰ. ①大… Ⅱ. ①中… ②金… Ⅲ. ①国家战略－中国－文集 Ⅳ. ①D60-53

中国版本图书馆CIP数据核字（2017）第090510号

出 版 人：王昕朋
责任编辑：佟贵兆
责任校对：朱艳华

出版发行 中国言实出版社
地　址：北京市朝阳区北苑路180号加利大厦5号楼105室
邮　编：100101
编辑部：北京市海淀区北太平庄路甲1号
邮　编：100088
电　话：64924853（总编室） 64924716（发行部）
网　址：www.zgyscbs.cn
E-mail：zgyscbs@263.net

经　销 新华书店
印　刷 北京温林源印刷有限公司
版　次 2017年6月第1版 2021年3月第9次印刷
规　格 710毫米×1000毫米 1/16 15.5印张
字　数 180千字
定　价 48.00元 ISBN 978-7-5171-2346-0

出版说明

中国军事文化讲坛以传播交流军事文化为己任，邀请军内外一流的专家学者和社会精英，共同关注世界风云，诠释兵学经典，领略名家风采，分享哲人智慧，听取各方灼见，促进军民融合，以强化民众的国家意识、忧患意识、责任意识和爱国精神、进取精神、尚武精神，为实现中华民族伟大复兴的梦想而奋斗。

应中国军事文化讲坛广大观众和社会各界人士的要求，现将部分专家的讲稿结集出版，以使更多的人能够分享到中国军事文化讲坛带来的精彩文化成果。

目录
CONTENTS

关于国家安全战略的若干问题

金一南

国防大学战略教研部技术二级教授，少将军衔。战略学博士生导师，中共十七大代表，第十一届全国政协委员，曾任国防大学战略教研部副主任、战略研究所所长。全军英模代表大会代表，连续三届国防大学“杰出教授”。中央党校、国家行政学院、北京大学等多所院校的兼职教授，中国科学院中国发展战略学研究会国防战略委员会专家委员。研究方向为国家安全战略，国际冲突与危机处理。

关于国家安全战略的若干问题，主要从三个方面考量：国家与国家安全、国家安全战略的提出与筹划、安全战略中的塑造和威慑。

一、国家与国家安全

从现代国家安全治理角度来讲，和平与安全是两个不同的概念。和平——无对抗，无纷扰；安全——无威胁，无侵害。国家安全是对国家生存与发展所受威胁程度的界定；要生存，要发展，就要实现和有效维护安全。

（一）国家安全基于现代国家理念

国家安全的概念，是建立在现代国家概念基础之上的。就世界历史进程来看，现代国家的建立并不久远。17 世纪以后，西方才开始建立现代民主国家。西方现代民主国家的奠基者之一，英国哲学家托马斯·霍布斯说，如果没有一种强制力量，就不足以约束人们的野心、贪婪、愤怒和其他的类似激情，通过这个具有震撼力的绝对权威，避免人们由于其恶的本性重返战争状态。国家从一开始就不是一个慈善的产物，不是为了自由民主人权而诞生的，不是为了普世价值。霍布斯说，当人人难以自我保护时，人们便自觉自愿放弃权利开始缔约，指定一人或多人组成权威代表他们的人格，将自己的意志服从于集体的意志，将自己的判断服从于集体的判断，在此基础上实现联合，这就是国家。

恩格斯讲，国家是社会在一定发展阶段上的产物。国家的出现表示这个社会陷入了不可解决的自我矛盾，分裂为不可调和的对立面，而又无力摆脱这些对立面，为了使这些对立面、这些经济利益相互冲突的阶级，不致在无谓的斗争中把自己和社会消灭，就需要有一种表面上驾驭社会的力量，这种力量应当缓和冲突，把冲突保持在秩序的范围以内，这种从社会中产生但又居于社会之上并且日益同社会脱离的力量，就是国家。现代国家和封建社会的“普天之下莫非王土，率土之滨莫非王臣”的宗族王朝完全不一样。第一，它有非血缘属性，第二，它有公共属性。如果国家治理是基于血缘关系连接，那就是封建国家，现代国家超出血缘关系。封建国家权利具有私人属性，而现代国家权利具有公共属性，这就是天下为公——现代国家与封建国家的重要区别。

在讲到国家的时候，我们要注意西方描述国家的三个词：Country，从土地上讲；Nation，从民族意义上讲；State，从政权意义上讲。有的人强调自然，有的人强调民族，有的人强调政权。很多人以为国家安全仅仅是政权安全，其实国家的安全标准是民族安全，是人的安全，是国家整体的安全，人的、民族的、国家集合体的安全，所以国家安全是既包括又超出政权安全范畴的。

国家安全是一个集合体的安全。对于我们来说，容易忽视这一点。近代学者严复对中国人的国家观念做了一个很准确的描述，严复说：“中国自秦以来，无所谓天下，无所谓国也，皆家而已。一姓之兴则亿兆为之臣妾，其兴也，此一家之兴也；其亡也，此一家之亡也。”今天一些人的国家观念缺在哪里？就是缺乏现代国家观念。

（二）一盘散沙无法对抗坚船利炮

不能不承认，我们国家受长期封建社会的影响，缺乏现代国家观念。

第二次鸦片战争中被火烧后的圆明园场景一直保存至今。

1840 年，第一次鸦片战争，三元里那样的抗击是极其个别的，大量的当地原住民在远处观战。1860 年第二次鸦片战争，英法联军火烧圆明园，周围的民众也参加了哄抢园林的行动。1900 年八国联军攻占北京，8 月 2 日，18000 多人的八国联军，十天攻陷北京，我们京畿一带清军有十五六万，义和团团民五六十万，大量给八国联军推送物资的都是中国人。

缺乏现代国家观念导致的是更大的灾难。1931 年 8 月，日本关东军即将发动“九·一八”事变，我国东北军将近 20 万，拥有飞机、坦克、大炮等装备，关东军据日本人统计只有 1.09 万人，从数量上处于绝对劣势。关东军没有底气。板垣征四郎，也就是 1948 年被判处绞刑的 7 个甲级战犯之一，他说：“从中国民众的心理上来说，安居乐业是其理想，至于政治和军事，只不过是统治阶级的一种职业。在政治和军事上与民众有联系的，只是租税和维持治安。因此，它是一个同近代国家的情况大不相同的国家，归根到底，它不过是在这样一个拥有自治部落的地区上加上了国家这一名称而已。所以，从一般民众的真正的民族发展历史上来说，国家意识无疑是很淡薄的。无论是谁掌握政权，谁掌握军权，负责维持治安，这都无碍大局。”板垣告诉关东军，中国人无所谓，把税交给张大帅也是交，交“满洲国”也是交，交给日本人也是交，只要能活着就行。

另一个发动“九·一八”事变的元凶石原莞尔说：“我不用拔剑，只用竹刀就足以吓退张学良。”这就是近代中国，孙中山先生所讲的，四万万中国人只是一盘散沙。一盘散沙与坚船利炮无法对抗，你没有凝聚起来，没有团结起来，不管你有多少人也不行。

（三）苦难中的觉醒

有这么一句话：“直到列强不再把中国当作一个国家看待了，中国人才感觉到有组织一个现代国家的必要。”梁启超讲中国人对于国家的认识：“一曰对于一身而有国家，二曰对于朝廷而知有国家，三曰对于外族而有国家，四曰对于世界而知有国家。”中国人的国家观念，就是这么逐步演化的，是一步一步认识到的。

1895 年，康有为“公车上书”，标志着封建士大夫阶层觉醒。这个阶层中的一些人已经开始认识到整个国家出了问题，必须加以解决。

1919 年爆发的“五四运动”，则是中国知识分子的觉醒。走出书斋，走出象牙塔，投入到救国救民的洪流中去。

1937 年的全民抗战，才是中华民族真正的全民族觉醒。日本侵略者占中国的地，杀中国的人，屠中国的城，对准整个中华民族，使这个民族第一次没有阶级之分、没有地域之隔、没有统治与被统治之嫌，“地无分南北，年无分老幼，无论何人，皆有守土抗战之责任，皆应抱定牺牲一切之决心”，真正超越了阶级、超越了民族、超越了地域、超越了统治与被统治，结成利益共同体、命运共同体。

我们对现代国家的认识，就是这样一步步走过来的。但是，这一过程的代价是极其巨大的。八年抗战，全国军民死伤 3500 万人，有形财产损失 6000 多亿美元，无形财产损失不计其数。在这一饱受苦难的进程中，民众觉悟程度和组织程度的进步，达到了前所未有的历史高度。

（四）共产党人的担当

没有最惨痛的沉沦，就没有最辉煌的崛起。中国共产党人给中华民族注入了现代国家的观念，让我们认识了什么叫作国家。

中国什么时候才算是一个国家。真正在最黑暗的时候，我们的民众才认识到我们是民族共同体，这点是我们付出重大代价才得出的结论。

东北抗联第一路军总司令杨靖宇，在极端困难的条件下坚持抵抗，决不投降，战斗到最后，只剩自己一个人。身边的人除去牺牲，就是叛变。叛徒程斌，抗联第一军第一师师长，杨靖宇最信任的人。1938 年 7 月率部投敌，组成“程斌挺进队”，将杨靖宇在深山老林里的密营全部捣毁，把杨靖宇逼入绝境。叛徒张秀峰是军部警卫排长，这个父母双亡的孤儿，由杨靖宇抚养成人。1940 年 2 月他带机密文件、枪支及抗联经费叛变投敌，向日军提供了杨靖宇的突围路线。他还是杨靖宇的贴身警卫，知道杨靖宇活动规律，他的叛

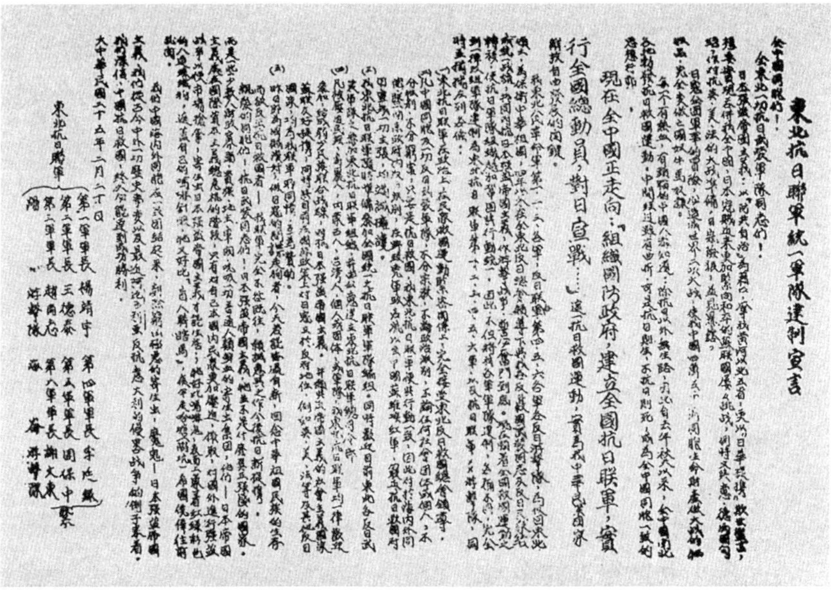

1936年，杨靖宇、王德泰、赵尚志等发布的《东北抗日联军统一军队建制宣言》。

变导致杨靖宇很快牺牲。叛徒张奚若，抗联第一军第一师特等机枪射手。叛变后在伪通化省警务厅长岸谷隆一郎的命令下，开枪射杀了杨靖宇。还有一个很难称为叛徒的人：蒙江县“保安村”村民赵廷喜，上山砍柴发现了杨靖宇。当时杨靖宇好几天没吃饭，棉鞋也跑丢一只，他对赵廷喜等几个村民说，下山帮我买几个馒头，再买双棉鞋，给你们钱，不要告诉日本人。赵廷喜张皇失措下山，很快就向日本人告发：杨靖宇在山上。

杨靖宇最后壮烈牺牲，日本人从他肚子里掏出来的只有草根、树皮、棉絮。杨靖宇在关键时刻表现出了一个中国人的血性、中国人的骨气。出卖杨靖宇、抓住杨靖宇的全是叛徒，赵廷喜向日本人告发前，对杨靖宇说：“我看还是投降吧，如今满洲国不杀投降的人。”赵廷喜哪里知道，岂止不杀，如果投降，日本人打算让杨靖宇出任伪“满洲国”军政部长，利用其影响制服东北抗联。

杨靖宇对赵廷喜说：“老乡，我们中国人都投降了，还有中国吗？”这就是共产党人杨靖宇！在最黑暗、最困难、最无助，大家万念俱灰纷纷投降的时候，用自己的灵魂与血性，支撑起中华民族的脊梁。

中国人的现代国家观念就是在这种最黑暗的时候，才树立起来的。中国共产党就是在这个最艰难的时刻，将阶级担当转化为民族担当，由阶级斗争的开路先锋，转变为民族存亡的中流砥柱。

1938 年，抗战最困难的时候，蒋廷黻讲，近百年来的中华民族只有一个问题，那就是中国人能近代化吗？能赶上西洋人吗？能利用科学和机械吗？能的话，我们的民族是有前途和光明的，不能的话，我们这个民族是没有前途的。从这个意义上来讲，1949 年诞生的中华人民共和国，是中国共产党人通过牺牲奋斗、为苦难深重的中华民族献上的一份大礼。它是真正现代意义上的中国，历史上第一个持续、稳定、繁荣、昌盛，能够完成救亡与复兴双重使命的政治实体。当然，1912 年成立的中华民国，是这一艰难探索的起始。30 多年的实践证明，它不稳定、不持续、不繁荣，最终既无法完成民族救亡，也无法完成民族复兴。建立现代国家的历史使命，历史地被中国共产党人承担起来。这就是毛泽东讲的：“中国必须独立，中国必须解放，中国的事情必须由中国人民自己作主张，自己来处理，不允许任何帝国主义再有一丝一毫的干涉。”现代民族国家的基本精神，由此建立。从这个意义上，再回头看霍布斯的话，将自己的意志服从于集体的意志，这就是国家。只有新中国，才真正实现了中华民族的集体意志和集体判断。这是新中国超越意识形态对中华民族的重大贡献，建构起第一个稳定、繁荣，既能完成民族救亡，也能完成民族复兴的现代国家。

（五）警惕来自内部的颠覆

建立一个现代的民族国家，我们经过了一个艰苦的过程，付出了沉重的代价。但是我们看，现在一些人在否定、搅乱我们的国家观念，妄图肢解、颠覆我们的国家。习近平同志讲：有些人刻意抹黑我们的英雄人物、歪曲我们的光辉历史，要引起我们高度警觉。

有个教授说：“鸦片战争是林则徐违反了自由贸易准则，咎由自取。”有的教授说：“《辛丑条约》是西方对华的合理条约，‘量中华之物力，结与国之欢心’是正确的做法。”还有教授说：“有些汉奸如汪精卫，并不是为了自己升官发财，而是为了减轻人民痛苦，作为抵挡日本人对中国人欺压的缓冲器。这样的汉奸非但没有错，而且是真正的英雄。相反，我们有的人以十几万人生命作代价，宣称死不投降，这样的人，人民不值得怀念。”

这就是我们的教授，这样的观点在大学里堂而皇之地教我们的学生。这样一批人在解构我们的历史，解构我们的国家，解构我们的英雄。对此，我们应该保持高度警惕。

（六）忧患意识警醒历史责任

中国是一个发展中的社会主义大国，但是我觉得中国是个发展中的尚未统一的社会主义大国。发展中的，必须完成发展；尚未统一，必须完成统一；社会主义的，必须维护社会主义基本制度；大国，必须履行大国的责任。一定不要忘记尚未统一，对我们造成的长期重大影响。我们是联合国五大常任理事国中唯一没有统一的国家，联合国190多个国家，没有统一的为数很少，我们是其中之一。中国是一个大国，中国是一个强国，全世界没有一例一个强国连自己国家的统一没有解决，还宣称自己是强国。这是你从大国到强国必须迈过的门槛。现在我们讲忧患意识，不是说天下本无事，庸人自扰之。

什么叫国家安全？绝不简单是一个政治概念，尤其对中国来说，对中华民族来说，它的深刻性我们必须牢牢记住。

二、国家安全战略的提出与筹划

现代国家的建立，现代安全观念的建立，这个基础之上才有可能讲现代国家安全的建立。

（一）确立科学的安全理念

新中国成立四十年的1989年出版的《辞海》，关于国家的词条，既没有提国家利益，也没有涉及国家安全。1989年底，邓小平同志讲，以中国国家利益为最高准则来谈论和处理问题。1999年版《辞海》加进了国家利益、国家安全。1992年十四大报告第一次提出，2007年十七大报告第一次提出完善国家安全战略。2012年十八大报告35次提到安全，并进一步提出完善国家安全战略和工作机制。我们终于提出国家安全，但是对国家安全战略的认识仍没有到位，还有待升华。我国的国家安全战略，是与国家特定安全环境、相应发展阶段相适应的大国安全战略。

党的十八届三中全会习近平同志提出的总体安全观，既重视外部安全、又重视内部安全，既重视国土安全、又重视国民安全，既重视传统安全、又重视非传统安全，既重视发展问题、又重视安全问题，既重视自身安全、又重视共同安全。安全范围极度的扩大，是我们新中国在这一领域认识的重大进展，十八届三中全会的重大进展。

政府不仅是经济发展的推手，还是安全的维护者。国家安全在国家大战略中应占有重要位置，其排序——国家发展战略、国家安全战略、国家军事战略。国家发展战略是什么？简单说，国家发展战略就是两个一百年：中共建党一百年，全面建成小康社会；新中国成立一百年，建成富强民主文明和谐的社会主义现代化国家。这是我们国家的顶级战略，我们的全部工作要围绕这个目标。国家安全战略就是保障实现国家发展战略目标的总体筹划，筹划的目标就是为了保证国家发展战略总体目标的实现。中国国家安全战略的核心任务就是综合运用国家政治、军事、经济、外交等综合力量，为全面建成小康社会创造良好的环境和条件，同时，为实现伟大的民族复兴提供可靠安全保障。

安全战略为保障发展战略的实现而存在，国家发展对国家安全产生制约，有什么样的发展战略，就有什么样的安全战略。

（二）把握战略筹划的关键环节

2014年1月24日，中央政治局会议研究决定，中央国家安全委员会向中央政治局、中央政治局常委负责，统筹协调涉及国家安全的重大事项和重要工作，并确定了中央国家安全委员会主席和副主席。这是我们在国家安全战略规划上的一个重大进展。

要科学把握筹划制定国家安全战略的基本要素。一个完整的国家战略需要几个基本机制：

（1）利益定位。这是国家安全战略的出发点和归宿点，是对维护国家利益的力度排序。国家主权、国家安全、领土完整、国家统一、国家政治制度和社会大局的稳定，经济社会可持续发展的基本保障，这六项，新中国第一次公布自己的核心利益，不惜用战争手段维护的利益就是核心利益。当然这六项，我个人觉得还有调整的余地，但是比较好的是我们终于有了第一个对国家安全意义的阐释。从学者的角度描述国家安全：第一，主权独立、领土完整。第二，基本社会制度和价值观。第三，经济发展的资源及市场环境。第四，进入国际市场的权利和运输通道。第五，周边地区不出现敌对国家联盟或集团。第六，国内社会稳定和全面建成小康社会的持续推进。这些与国务院白皮书配合起来，就是今天中国国家安全的判断，你要维护什么，你最重要的利益点是什么。否则你就容易出现以领导者的讲话为准，以领导者个人的态度为准，或者以部门的观点为准。我们的国家安全出发点是对自己国家的清晰判断，而不是来源于任何别的结论。

（2）威胁判断。判定实现国家安全战略的防范对象。威胁判断不是脑袋一拍、计上心来的问题，它有一个基本要素判断：第一，是否具有重大利益抵触。第二，是否具有实际能力抗衡。第三，是否有针对性战略。第四，是否展开综合力量部署。

（3）目标选择。是国家安全战略的核心。军队有句话讲得比较好，目标跳起来能够着，目标与力量之间的距离就是风险，跳起来够不着，风险无法防范。

（4）手段的应用。对所用手段提供支撑的，是国家综合战略能力，即国家着眼安全利益目标，所能调动使用的物质力量和精神力量的总和。国家战略能力是国家硬、软实力之和。首先说软实力，软实力指一个国家经久不衰的历史文化传统和价值观；健康稳定的社会结构和富含生命力的政治制度；全民族共同一致的奋斗目标；领袖人物的道德感召力和战略决断力；民族基本素质的不断提高。硬实力，包括国家资源力、经济力，武装力量的打赢能力。

（三）着力于战略短板

党的十八大报告提出：建设与我国国际地位相称、与国家安全和发展利益相适应的巩固国防和强大军队，这是筹划国家安全战略的根本性需求。你在研究战略问题的时候，如果不与力量结合，一切皆空，都是照猫画虎，理论设计就是空的，落不到实际上去，能干多大事，一定要与力量结合。讲到力量，我们正在迎来国防与军队建设的新一轮发展黄金时期。从今天看，我们的国防投入世界第二，亚洲第一。当前制约我们发展的瓶颈，关键是人的差距，关键是领导干部的差距，关键是高级领导干部的差距，不解决这些差距，强军目标实现不了。能否具有大国军官的理念、素质、胸怀，这一代军人必须迈过这道坎儿。习近平同志曾在“两会”参加解放军代表团小组讨论时讲了三个必须：必须抓住战略契机，深化国防和军队改革，解决制约国防和军队建设的体制性障碍、结构性矛盾、政策性问题，深入推进军队组织形态现代化。必须勇敢承担起我们这一代革命军人的历史责任，必须以只争朝夕的精神推进国防和军队现代化。

三、安全战略中的塑造和威慑

单独把塑造和威慑提出来讲，对我们今天的安全来说至关重要。

（一）以“塑造”把握战略主动权

塑造就是主观对客观的改变，能不能切实把握国家发展的战略机遇期，很大程度上取决于我们的主动塑造。今天，我国已经在一些重要战略领域发挥着很好的主导作用。比如“上合组织”“一带一路”“中国东盟 10+1”“朝核六方会谈”“中老缅湄公河执法安全合作机制”，等等。就像十八大报告讲的，推动全球治理秩序变革，促进世界和平发展，我们抵御风险和塑造外部世界的能力明显增强。我们要塑造一个让我们长期可持续发展的安全环境。

（二）以“威慑”达至“不战而屈人之兵”

真正保证安全，离不了威慑。威慑说穿了就是让别人对你有所畏惧。实力是威慑的基础，决心是威慑的灵魂。美国人特别会用他的战略思维影响我们，我们也要学会用我们的战略思维影响他们。什么叫作威慑？基辛格讲得很透：第一，实力。第二，决心。没有决心，实力形同摆设。第三，让对手知道。三个缺一不可，丢了一个都不能形成有效的威慑。美国将自身的实力透明化是威慑；当然，我们秘而不宣也是威慑。这是双方对威慑的不同选择。

毛泽东同志那一代，“两弹一星”战略威慑已经建立了，我们不能躺在前人的资本上，我们必须前进。而且我们看到，仅仅靠毛泽东同志那一代的“两弹一星”已经不足以形成我们的战略威慑了。毛泽东同志对海军有两次指示：第一次是新中国成立之前，对海军第一次指示，我们一定要建设一支海军，能够保卫我们的海防，有效防御帝国主义的可能的侵略；第二次是 1975 年 5 月对海军的指示，即海军要搞好，使敌人怕。语言非常简练，含义非常深刻。

人类的出路在哪里？善意与力量的结合。今后十年到二十年是决定中国能否进入发达国家序列的关键时间段。中国模式、中国道路，绝不仅仅是经济发展的道路，必然是在力量与善意结合的基础上能够有效保障国家安全的模式。只有这样，中国特色社会主义道路才是真正可持续的、科学的，才能够最终完成民族复兴大业。

独家问答

1. 提问：如何尽快把 80 后、90 后培养成真正具有爱国主义精神的热血青年？

金一南：这个问题跟中国军事文化研究会的主旨很相符。今天对 80 后、90 后而言，主要是教育的问题。美国大学主流意识形态审查，大学教授淘汰率达到 15% 到 20%。大学教授与美利坚合众国主流意识不相符，就不能任教。美国的主流教育根深蒂固，美国国歌一旦响起，所有的汽车和行人必须停止，朝国旗方向敬礼，国歌一停，车再走，人再行。这就是对公民的国家意识教育。

2. 提问：国家安全战略体系构建中其中有一个环节就是能源，我觉得未来战争、现代战争有三个基本支撑：高新技术、能源供应、资本力量。在能源供应环节方面，石油通道、海洋通道，很多方面都受制于美日，我们有没有在军队的能源战略体系构建方面考虑一些清洁能源技术？

金一南：新型能源各国军队都很重视。2003 年我们陪校长到美国访问，他们拿出单兵数字化装备，请一个军官上来试试，我说我上去试试。戴上眼镜之后就会看到各种窗口、GPS 图。美方问，请你们提一下对这个装备的感受。我问：电池能持续多少天？美方说，你问到问题的核心了，关键是电池。数字化很先进、很不错，但撑不了多长时间，没有相应的支撑能源。今天大家探索的新兴能源，尤其是对数字化的支撑。现在新型装备越来越多，电池能支撑多长时间越来越重要。

支撑军队作战的能源——从油料到电力，肯定是我们未来亟待突破的重要领域。军民融合中重要的一项，就是如何把地方的先进技术运用于军事领域。世界第一台计算机首先产生于美军，但随着信息化技术大规模的产业化之后，军队这样的优势没有了。今天，一些先进技术往往首先产生于地方，都在民间；而我们军队科研机构往往还不知道，还在重复建设，重复投资。今天如何能够有效地把地方资源融合到军队，包括能源方面，是我们重大的突破方向。美国空军采购F16的地面模拟飞行器，用于飞行员在地面的模拟训练，美国国防工厂生产的地面模拟器六千万美元一套。美国空军发现在好莱坞拍电影的同类模拟器，三百万美元就可以搞定，效果非常好。好莱坞就是在拍电影，他们根本没有想到做的类似游戏的东西能够训练美国空军飞行员，这就是军民融合的巨大优势。民间企业怎么样融入国防系统，把最先进的技术带进来，这就是中国国防未来发展的最大潜力之所在。

世界大变局下的中国周边安全

王宝付

国防大学战略教研部技术三级研究员，大校军衔，博士生导师。曾任中国驻叙利亚大使馆陆海空军副武官，国防大学国际防务学院训练处处长，国防大学战略研究所副所长；现任国防大学战略咨询小组副组长。国防大学杰出教授，获军队杰出技术人才奖、享受国务院政府特殊津贴。曾在美国乔治城大学外交学院、日本防卫研究所做高级访问学者。中央电视台国防军事频道特约专家。长期从事国家安全战略和中美军事关系问题研究。著有《国际战略形势分析》《中国国家安全战略问题研究》《美军特种作战部队与特种作战》。

现在世界形势发展变化非常快，人们通过各种媒体，特别是网络和电视，每天都可以收到很多信息。总的来讲，世界并不太平。在世界格局飞速变化的进程中，怎么看我们国家的周边安全问题？怎么思考我们所面临的一系列的安全威胁和挑战？

中国的综合国力在提升，国际地位在提高，影响力也在不断扩大。但是，思考一下我们国家周边热点上的一些问题，很多方向、很多热点并没有得到缓解，而且有些问题还在升温。从未来发展趋势来看，解决的难度也在增大。

英国地缘政治学家麦金德讲过一个观点，即在国际竞争中，一个国家的邻国越多，特别是与其直接接壤的邻国越多，越不利。他的这一结论显然主要是针对欧洲大陆的地缘关系讲的。但是，在今天看来，仍然还有道理。应当说，一个国家的邻国多，并不注定必然是坏事，但是由于历史和现实矛盾纠葛在一起，往往给一个国家解决周边安全问题带来困难。同世界其他大国相比，中国周边安全的这一特点尤为突出。

观察思考国家周边安全问题，可以有两个角度。一是纵向比较，即从过去、现实与未来的联系分析周边安全环境的变化，从而得出科学的判断结论。二是横向比较。中国作为一个世界大国，我们的周边安全环境如何，有哪些不同于别国的突出特点。

过去这几年大家可能感受到了钓鱼岛争端的问题，感受到了中国南海面临的问题。这些都与美国全球战略的调整有关，特别是其战略重心的东移，为亚太地区的安全稳定注入了很多不确定性的因素，当然这也直接影响到中国周边地区安全。所以，第一点我想讲一讲美国全球战略调整为亚太稳定所带来的问题。第二点我想讲在世界大变局下思考我们国家的安全问题，很重要的是讲一讲国际格

美国纽约世贸中心“9·11”事件现场附近的教堂，遇难者的衣服被他们的家人摆放在那里，提醒人们曾经发生过的事情。

局，特别是大国关系，到底发生了什么问题？现在国际关系错综复杂，世界上很多事情实际上还是大国在博弈，我们感受到了俄罗斯跟美国，在乌克兰危机中的博弈和斗争是非常激烈的，对我们周边安全会带来什么样的影响？这些都值得我们关注和思考。第三点我想讲一讲如何看当今世界上的热点问题，这个对世界安全形势，对我们国家周边安全，也会带来冲击和影响。大家通过报纸、电视、网络看到我们国家周边有很多热点。但是现在世界上最混乱的地方还不在中国周边。第四点我想讲一讲我们国家的周边到底是什么情况，有什么样的特点？最后我想讲一讲，我们怎么来认识，怎么来应对我们面临的安全和挑战。

进入21世纪以来，一些重大国际事件对国际安全和世界军事形势产生了深刻影响。“9·11恐怖袭击事件”，对世界安全形势产生了重要影响；国际金融危机蔓延，对国际政治经济、大国力量消长和地区安全形势产生了深远影响；乌克兰危机，引发了俄罗斯与美国等西方大国之间矛盾的上升；中东“阿拉伯之春”的持续发酵，不仅直接导致了多个国家政权更迭，其后续效应还在蔓延，扩散速度之快、波及范围之广、影响程度之深，不仅使阿拉伯世界经历了前所未有的大变局，也对大国关系和地区安全稳定造成了长远的影响。当前，我国周边安全形势出现了一些值得关注的新情况、新特点。关注国际战略形势发展，认清内外安全环境，是赢得战略主动权的重要因素。

一、美国战略重心东移，为亚太安全注入不确定因素

美国是当今世界唯一的超级大国，也是影响国际战略形势变化的重要因素。进入 21 世纪以来，美国对国家安全和军事战略进行了多次重大调整。“9・11”事件发生后，美国一度将国际恐怖主义视为最现实、最紧迫的安全威胁。小布什政府执政八年，对外政策奉行单边主义，过分依赖军事手段，在伊拉克战争等问题上一意孤行，导致美国硬实力受损，软实力受挫，影响国际事务的能力明显下降。奥巴马政府执政以来，面对诸多内外难题，持续进行战略调整，但迄今并没有摆脱内外所面临的多重难题。从阿富汗撤军一波三折，伊拉克战争留下严重后遗症，插手叙利亚危机导致了严重后果。“伊斯兰国”迅速扩张，恐怖袭击本土化、恐怖分子年轻化、恐怖活动网络化的趋势明显，对国际安全和地区稳定构成了严重威胁，特别是“伊斯兰国”的迅速扩张，使美国的中东反恐面临困境。中东多国政局动荡，巴以矛盾、阿拉伯世界内部分歧、教派

冲突以及西方同阿拉伯世界的矛盾等均呈上升趋势。面对中东的混乱局面，美国仍坚持推动战略重心东移，在政治、经济、外交等多方面上加大对亚太地区的关注，插手亚太安全事务。毫无疑问，美国全球安全战略和军事战略的未来走向，将对大国关系、亚太安全形势和我国周边环境产生重要影响。从发展趋势看，美国战略重心东移亚太，更多地关注亚太、关注中国，将对中国周边安全带来长期的重要影响。

从大国关系的角度考察，中美关系是当今世界上最重要、最复杂、最难驾驭的大国关系。这种大国关系过去可能从来没有过。我觉得，中美关系大门打开至今 40 多年，中美正式建交 35 年，两国关系走到今天，可以用两句话来概括。一句话是中美关系非常重要。这不难理解。当今世界上两个最大的国家，两个最大的经济体，2014 年双边贸易 5550 亿美元，双向投资存量达 1200 亿美元，美国每天对中国公民发放签证 8000 人，两国每年来往人次超过 600 万，平均每天约有 1.2 万人往返两国之间。由此可见，中美关系不仅影响各自国家，而且具有远远超出双边的全球性影响。另一句话是非常复杂。讲到中美关系的复杂性，难道俄罗斯跟美国的关系不复杂吗？其实也很复杂，但是它没有中美关系复杂。目前，乌克兰危机仍在继续，美国带领其他西方大国制裁俄罗斯，俄罗斯反制裁，但是全世界并没有感受到美俄之间制裁与反制裁对全球经济带来多大影响。这其中的道理很简单，美国与俄罗斯每年双边贸易现在还不到 300 亿美元。然而，如果中国和美国制裁与反制裁，打起贸易战，将对世界经济产生剧烈的冲击和影响，中美每年的双边贸易是俄罗斯与美国的 20 倍。中美关系复杂远不止这一点。

随着中美关系的发展，两国共同利益不断增多，两国关系中的矛盾分歧点也越来越多。近年来，在中美高层接触中，美国领导人一再表示，美国欢迎中国和平崛起。现在问题是，美国目前在中国周边的所作所为，很难让中国人相信美国讲的这是真话。如果我们换一个角度思考这一问题，中国要说服美国的精英，让他们深信中国走和平发展道路也是一件非常困难的事情。中国将始终坚持走和平发展道路，无论发展到哪一步，中国都永远不称霸，永远不搞扩张。但作为一个学者，结合多年与美国研究中国问题的专家学者接触，令我感到印象最深的一点，正是中美建立战略互信的困难之大。

美国作为当今唯一超级大国，对中国走和平发展道路，历来有自己的分析角度和逻辑。冷战结束至今，美国的政治精英对中国的发展强大，概括起来持有两种看法。一种看法认为，只要中国发展，只要中国强大，中美对抗就不可避免。美国政府高官有人这么看，美国的国会议员这么看的人可能更多，美国著名专家学者也有人这么看。美国芝加哥大学教授米尔斯海默就是一个代表。在他看来，纵观世界1500年的发展历史，新崛起的大国必然要挑战原来的大国。直到近期，他还在美国《国家利益》杂志上撰文，断言只要中国按照现在的速度发展，中美对抗甚至是冲突是不可避免的。

但是，美国还有另外一种观点，一些有远见的美国战略专家认为，中美对抗不仅应当避免，而且可以避免。如美国资深战略家基辛格、布热津斯基等人，对此都曾有重要的论述和看法。他们之所以有这样的远见和看法，主要是他们看到了时代的发展变化。人类社会发展到今天，面临的共同安全威胁越来越多，如全球气候变化、环境问题、恐怖主义，等等。面对这些共同安全威胁和挑战，任何一个国家包括美国在内都无法独自解决，像中美这样的大国对维护世界安全负有重大责任，理应携起手来应对人类共同安全挑战。

现在的问题是，这两种不同的观点，哪一种对美国的政策影响更大。一个时期以来，中美对抗不可避免的观点对两国关系发展造成了严重的干扰。美国认为，中国的发展崛起对其构成三个方面的基本挑战。一是资源能源方面的挑战。地球上的资源能源是有限的，美国作为超级大国，是对资源能源需求消耗最多的。但是，中国改革开放 30 多年来，在对资源能源的需求上，有些方面甚至超过美国了，这对美国是挑战。二是发展模式的挑战。中国改革开放 30 多年，综合国力不断提高，党的十八大报告提出了“理论自信、道路自信、制度自信”（编者注:2016 年，习近平主席在“七一”讲话中又提出“文化自信”），这对国际地位和影响力走下坡路的美国来说是挑战。三是中国军事力量发展的挑战。

美国这样看中国，中国该如何看美国？该如何看美国对中国周边安全的影响？美国是一个危机意识、忧患意识非常强的国家，美国社会精英尤甚。美国《时代周刊》的一篇文章指出：“不断地谈论实力下降是美国最具竞争力的优势之一，它意味着对未来有更高标准和预期，如此警惕才能让美国远离噩梦般的未来。”美国是周边安全环境最好的国家之一。但是美国的安全标准非常高，忧患意识强烈。奥巴马不止一次讲，“我无法接受美国成为世界第二”，意思是美国必须当世界老大。基辛格在冷战结束后讲过，苏联解体后美国的全球战略目标是防止欧亚大陆上再出现一个能够挑战美国唯一超级大国地位的大国或大国集团。我们应当相信，随着中美关系的不断发展，随着两国共同利益的不断扩大，相信会有越来越多的美国人认识到中美关系的重要性，会有越来越多的美国人支持中美关系的稳定发展。但是，作为一个超级大国，美国致力于维护世界霸权的战略是不会改变的，对中国崛起的担心和疑虑很难放下。但是我们又看到中国和美国共同的战略利益是在上升的。但是不管怎么讲，从美国这样的战略指导思想来看我觉得有这么几点看法，美国的战略处境越困难，中美关系稳定的难度越大。

中国发展得越快越好越稳定，中美之间的矛盾摩擦越多，摩擦点会越多。我们讲中国还是发展中国家，中国这么多年的发展，经济发展，我们人均还很落后，但是美国特别是西方一些大国，对中国经济力量的发展，还是有担心。中国这些年，正在由大向强的历史发展阶段，从 2004 年到 2015 年十几年的时间，我们已面临很多困难，很多矛盾。总的来讲，中国的经济规模在迅速地扩大。2004 年我们超过意大利排在世界第六，2005 年超过英国，排在世界第四，2010 年超过日本。这几年，一些国际智库预测 2021 年到 2030 年之间中国经济规模有可能超过美国，但是我打个问号，这么长时间还有变数。经济规模只是一点，说明不了多少问题，人均我们还非常落后。但是不管怎么讲，随着中国经济规模的扩大，美国对亚太的关注，对中国的关注越来越大。

中美两国的综合国力越是接近，美国越可能将抗衡重点转向中国。这样讲并不意味中美关系会走向无解，而是表明中美关系的复杂性。全面客观地认识中美关系，对于认识美国对中国安全环境的影响特别是对中国周边安全环境的影响至关重要。

二、大国关系错综复杂，俄美战略利益冲突上升

大国关系构成格局，对于中国这样的大国来说，国际格局的

演变对安全环境会产生举足轻重的影响。冷战结束初期，特别是“9·11”事件之后，美俄关系曾出现过一段“蜜月期”。奥巴马政府执政后，曾一度调整对俄政策，提出“重启”两国关系，俄美在新一轮战略核武器裁减、防止大规模杀伤性武器扩散等问题上达成妥协。但是，在一些重大国际安全问题上，美俄之间的战略利益冲突明显。近年来，美国等西方大国对俄罗斯式的“民主进程”感到沮丧，对俄罗斯不时以能源为武器推行强硬外交政策大为不满，对俄坚持向伊朗、叙利亚、委内瑞拉等国出售武器感到忧虑，对俄罗斯推进国家改革发展的方向深为担心。为达到进一步“防俄”“弱俄”的目的，美国等西方大国继续推动北约东扩，不断压缩俄罗斯的地缘战略空间，坚持在东欧国家部署导弹防御系统，削弱俄罗斯的核战略打击能力，支持乌克兰、格鲁吉亚等国的反俄力量，恶化了俄罗斯周边的安全环境。对此，俄罗斯作出了强烈反应。

为了对抗美国的战略挤压，俄罗斯在国家安全和军事领域先后采取了一系列措施，退出《欧洲常规力量条约》，大力推进国防和军队改革，加速新一代战略核武器的研发。在涉及国家核心安全利益问题上，俄罗斯以强硬立场回应西方的压力，致使俄美关系摩擦不断。近来，由于乌克兰危机加深，美国等西方大国加大对俄制裁力度，加之国际石油价格持续走低，俄罗斯经济发展遇到前所未有的困难。

俄罗斯并非不重视与美国的关系，普京不是不清楚俄美关系的重要性，俄罗斯是非常希望与美国改善关系的国家。但是，在关系重大核心利益上俄罗斯不会妥协。俄罗斯人的民族性格、国家核心利益、大国尊严，加上普京总统的强势作风，使其不可能在关系重大国家利益问题上与美国妥协，尤其是在关乎俄罗斯核心安全利益上，不会对美国轻易让步。

从俄罗斯与格鲁吉亚军事冲突，到乌克兰危机，美国海空作战力量几度开进黑海，但却很少有人担心美俄之间会爆发大规模军事冲突，究其根本原因是美俄之间仍保持着核力量均势。虽然双方玩得心惊肉跳，但都清楚各自边界和底线在哪里。乌克兰危机从根本上讲是美国干预，导致危机失控。俄罗斯强硬应对，现在利弊得失都有。乌克兰处境艰难，国家面临分裂。这场危机发展到今天，受伤的是乌克兰，受损的是欧洲。俄罗斯与美国的另一个战略分歧点是导弹防御。战略核力量是俄罗斯支撑大国地位的核心支柱，这一问题同样关系俄罗斯的核心利益，分歧难以调和。

从本质上看，当前的俄美关系仍具有“遏制与反遏制、干预与反干预、演变与反演变”的性质。在普京执政的背景下，俄美关系难有大的突破。俄美关系未来如何发展，将成为影响国际安全格局和世界军事形势变化的重要因素。

三、中东动荡影响深远，成为全球最突出的军事热点

中东地区是当今世界政治、经济、宗教、文化矛盾最集中的地区。长期以来，阿拉伯国家在政治、经济与社会发展中，积累了许多深层次矛盾，这些矛盾长期积累，没有得到较好的解决，加之以美国为首的西方大国的深度插手，在内外多种因素的作用下，酿成一场前所未有的社会大变局、大动荡。

中东剧变不仅牵动了大国关系，也撬动了地区长期以来受到压

抑的各种矛盾。当前，地区国家力量进一步失衡，叙利亚由内乱发展成为大规模内战，伊拉克在美军撤出之后，教派矛盾上升，库尔德人独立倾向明显，伊斯兰国乘机坐大，安全局势持续恶化，伊拉克已经走到了分裂的边缘。

被西方称之为“阿拉伯之春”的这场大变局，迄今没有能塑造出来一个全新的国家，反而把许多“国家”打成了碎片。未来一定时期，中东地区原有的热点很难降温，新的热点还有可能出现。可以预见，如果一些国家政局动荡长期化，暴力冲突加剧，民众悲观情绪上升，老百姓的诉求长期得不到解决，这些国家的安全形势有可能进一步恶化。更值得关注的是，中东动荡效应正在迅速外溢，无论是宗教极端思想还是难民，都在急速扩散，其影响范围大大超出了西亚北非，这一多米诺骨牌效应在一定时期将会继续蔓延，将对国际和地区安全形势产生多方面的影响。

中东是当今世界矛盾最集中、最复杂的地区。巴以矛盾持续了 60 多年。阿拉伯国家为此同以色列打了多场战争，成为中东地区长期动荡的一个根本原因。宗教对立上升，教派冲突加剧。伊拉克、叙利亚、也门等国内战都与教派矛盾有关。什叶派与逊尼派之间的矛盾，温和派与激进势力之间的矛盾都在上升。

中东是影响大国关系、牵制美国全球战略调整的重要地区。冷战结束以来，美国大量的军事外交资源消耗在了中东。过去 20 多年，美国主要的仗都是在中东打的。亚太地区安全虽然多点紧张，但至今并没有发生热战。美国对外政策主要战略失误也在中东。时至今日，美国的中东政策仍漏洞百出，留下一堆“烂尾工程”。本·拉登被击毙后，美国在中东政策有三大败笔：一是严重低估了后本·拉登时代国际恐怖组织的再生能力；二是严重低估了插手叙利亚、利比亚等国内乱可能产生的严重问题；三是严重低估了中东乱局对全球反恐形势的影响。中东乱局使全球反恐难度增大。

至今已经持续 5 年的中东大动荡大变局，对多数地区国家来说是一场深重灾难，中东的现实状况实际上宣布了美国等西方大国在中东移植民主制度的失败；“伊斯兰国”站在世界文明的对立面，试图回到一千多年前阿拉伯帝国的四大哈里发时代，以宗教激进主义拯救阿拉伯世界，是一条根本走不通的死路。

中东战略位置重要，资源丰富。中东地区有 23 个国家，面积 1570 万平方公里，人口 5.3 亿。中东目前有 2.5 万亿美元主权财富基金，是大国地缘政治博弈的重点地区之一。中东作为中国的大周边地区，对中国周边安全的影响在上升。

美国著名专栏作家弗里德曼说：“中东地区已经成为一个地缘灾难。利比亚、也门、伊拉克和叙利亚都是失败的例子。如果没有中国、俄罗斯、法国、德国等国家的帮助，美国不可能重建这个地区的秩序。”尽管当前中东地区剧烈动荡，但从长远来看，中东人心思变，人心思稳。中东是我国推动“一带一路”的重要地区，无论是“一路”还是“一带”，都要经过大中东地区。

四、在世界格局转换中思考国家周边安全问题

中国综合国力的不断提高，在国际舞台上的作用和影响上升；中国经济稳定发展，成为推动世界经济增长的主要力量；中国的国防和军队现代化建设不断发展，受到外部世界越来越多的关注。与此同时，我国周边环境复杂，多方向面临军事安全压力。在世界剧变、中国坚持走和平发展道路的大背景下，如何全面客观地认识国

家安全所面临的威胁与挑战，如何科学地认识和把握国家安全形势出现的新问题、新情况、新特点，对于实现国家发展战略目标、做好军事斗争各项准备工作具有重大的意义。

面对世界格局转换，站在国内国际两个大局下思考，在当下我国周边安全形势的几个突出问题值得关注。

第一，充分认识格局变化对国家安全带来的影响。世界格局变化表现在诸多方面。国际战略力量对比变化，美国霸权地位相对下降，新兴大国崛起，多极化仍是不可逆转的大趋势。国际秩序规则在调整，亚太战略格局在变化，重点领域的国际战略竞争空前激烈。在格局转换之际，我们应把周边安全问题看清楚。新加坡外交部驻外巡回大使比拉哈里认为，中国正处在发展的关键阶段，从世界历史上看从来没有一个大国在这么短的时间里，经历影响这么多人的深远经济和社会转型，快速的改变可以造成不稳定，外部不稳定加上内部不安全是最可怕的时候。在世界格局演变中思考周边安全问题，在实现国家战略目标下思考周边安全问题，站在这样的一个层次看周边安全，我觉得，美国是唯一有能力对中国构成综合性影响的国家，中美关系重要，很大程度上是说美国对中国有多方面的重要影响，当然，中国对美国的影响也在不断上升。从安全角度看美国，我有几点结论性的看法：一是中国当前所面临所有的重大安全问题，几乎都直接或间接同美国有关；二是美国在安全上对中国的定位是清楚的，“一个正在崛起的潜在战略竞争对手”；三是在影响中国国家安全的外部因素中，美国因素不仅最突出而且具有长期性。因此，中国在整个发展崛起的过程中，必须处理好对美国的关系，准备应对来自美国的压力和影响。

中国老百姓对美国了解的深度，远远超过了美国老百姓对中国的了解；但是，在战略研究领域，中国对美国研究的深度落后于美国对中国研究的深度。美国的中国问题专家基辛格博士，出生于1923年，88岁高龄仍著书立说，写了一本专著《论中国》。我们缺少基辛格这样对中美关系有如此深入了解的专家。的确，基辛格对中国友好，但他同样是为了美国的国家利益而奔波。

基辛格，美国著名外交家，国际问题专家，美国前国务卿。

第二，我国周边安全的基本特点是内外安全相互影响。内部问题处理不好，外部势力必然插手干预；外部安全问题如果应对不当，内部就可能产生连锁反应。多年来国家安全实践反复证明了这一点。

第三，国家利益拓展与战略空间受挤压，矛盾日益突出。经过近40年的改革开放，我们的国家利益逐步拓展，越来越多地走出国门。2015年底，我国出入境人次突破1.2亿。越来越多的人员、产品、资金等利益走出去了，但是我们维护国家海外利益的手段不足。一方面，国家利益在向外拓展，安全需求在增多，维护利益的手段不足；另一个方面，发展与国家安全需求相适应的军事能力，又要受到外部势力的打压。

习主席指出，有了好的周边环境，再大的损失也能从合作共赢中得到补偿。恶化了周边环境，再大的利益也得不到补偿。天下未乱边先乱，天下已治边未治。正因为如此，中国历朝历代都重视国家周边安全稳定，总是要采取一系列重大政策措施安边稳边。中国是陆海兼备的国家，治边稳边有独具特色的理论和做法，现在我们推动“一带一路”就是具有划时代意义的重大举措，从历史辉煌中汲取营养和智慧，以共同发展、共同繁荣、共同安全为目标，“一带一路”的伟大构想一定会在安边稳边实践中发挥出巨大的作用。

经过近 40 年的改革开放，我国综合国力大大提升，维护国家安全利益、塑造安全环境的手段、解决安全问题的能力大大增强。实践证明，国家落后会使面临的安全威胁和矛盾变得更为突出。同样，国家发展也会产生新的安全问题。面对多种安全威胁和挑战，我们需要从维护国家主权、统一和领土完整，维护国家发展的重要战略机遇期出发，对国家安全进行全面系统地思考，树立总体国家安全观，拓宽维护国家安全的思路，在复杂多变的内外安全环境中，处理好改革、发展和稳定的关系，从根本上提高应对各种安全威胁与挑战的战略能力。

独家问答

1. 提问：我们国家安全形势比较复杂，周边热点比较多。我想请您再简要地分析一下，我国当前周边所面临这么多安全问题，其中最紧迫、最突出的问题是什么？

王宝付：研究国际战略形势和安全问题，最难的是预测。最近几年，美国出台了一些战略文件，在分析国际安全形势时一再强调，当前美国国家安全最突出的特点是“不可预测性”。其实，中国更面临这样的问题。你如果觉得某一个方向的安全问题最复杂、形势最紧张，那个方向并不一定立即会出事。你如果认为某一个方向比较稳定，可能那里真的会出问题。在当前世界格局转换的大背景下，这一特点更为突出。有人说美国的战略研究很完善，“9·11恐怖袭击事件”它预测出来了吗？“阿拉伯之春”爆发了，美国要用西方的民主制度改造中东，五年后却出现今天这种混乱局面，美国人预测到了吗？大家知道，我国周边安全问题最突出的特点是安全挑战复杂多元，内外安全问题相互交织，陆海方向威胁并存，历史与现实矛盾叠加。要说哪一个方向的安全问题更严峻、更紧迫，恐怕不能作简单的判断。哪个方向会最先触发危机，哪个热点会最先引爆，很难判断。从应对危机的角度来看，我觉得最重要、最根本的是提高应对各种威胁的能力。具备了核心能力，无论威胁从哪个方向来，都有办法、有把握应对，那国家就是安全的。

2. 提问：第一个问题就是刚讲到的国家周边安全环境的严峻性，其背后有多种原因。近年来，美国重返亚洲，推动战略重心东移，挤压中国的发展空间。这种形势下，美国对它自己奉行的战略有充分的自信吗？如果美国新的亚太战略失败将会出现什么样的结局？第二个问题，影响中国周

边安全的外部因素，除了美国之外还有俄罗斯的因素，俄罗斯作为中国的友好国家，但却向印度和越南出口了大量的高精尖武器，这是众所周知的事实。按理说，这是俄罗斯的内政问题，但是对中国来讲关系到周边安全。那么，该如何看待俄罗斯对中国安全的影响？

王宝付：我们的周边热点问题比较多，有些问题在近期确有一些升温，解决的难度比较大。但无论同过去相比，还是与其他大国相比，我们国家周边环境总体仍是比较稳定的。我在讲课当中强调了这一点。美国的亚太战略调整给中国的周边带来一些不确定性，这个我们都感受到了。周边外交座谈会开过两年了，为稳定周边做了大量工作，但有些方向形势仍然比较复杂严峻，当然是与美国的亚太战略调整有关。美国在利用该地区国家之间存在的矛盾分歧，有些地区国家也利用美国的战略重心东移谋利。许多因素叠加在一起，以致出现了现在的复杂局面。至于你讲到的美国的中东战略不成功，其亚太战略未来会不会改变？现在看，美国推动战略重心转移，共和、民主两党有共识。美国在中东的战略当然是谋求自身的战略利益，但美国的中东战略也不是想要把中东搞乱，不过美国的中东政策推行的结果是中东大乱。我们也不能说美国亚洲战略的目的就是把亚洲搞乱，但未来美国政策落实的结果可能是亚洲更乱。所以，要警惕美国的亚太战略给亚太地区安全稳定带来的冲击。特别是围绕中国周边所做的动作，值得我们高度警惕。

你谈的第二个问题，中国与俄罗斯的关系，中俄关系是历史上最好的时期。有人说，20 世纪 50 年代中苏曾是同盟国，那个时候两国关系不是更好吗？那个时候中苏虽是盟友，但两国关系并不平等，并不是健康平等的国家关系。今天不同，中俄不是同盟，我想两国也不会结盟，但两国目前是一种全面的战略合作伙伴关系。这是一种新型的大国关系，这样一种关系是维护世界和平的积极力量。今天我们说中俄友好，核心是相互尊重，关系平等。在国家关系中，“平等”两个字非常重要。中俄两国谁都不凌驾谁之上，在一些重大的国际安全问题上相互磋商，相互尊重，这样一种大国关系是一种健康的国家关系。从这一点来讲，中俄关系将进一步稳定发展。中俄关系深入发展，对世界和平、亚太地区稳定将会产生重要影响。

中国海洋发展战略面临的机遇和挑战

贾　宇

国家海洋局海洋发展战略研究所党委书记、副所长、研究员，法学博士。中央维护海洋权益工作专家组成员；武汉大学、南京大学兼职教授；最高人民法院“一带一路”司法研究中心研究员；中国海洋法学会秘书长。主持和承担了黄 / 东海海域划界方案研究、200 海里外大陆架划界案准备、极地法律体系、海洋国土安全与防卫战略等国家及省部级科研课题，多次获得“海洋创新成果进步奖”特等奖、二等奖和国家海洋局嘉奖。主要学术著述:《极地周边国家海洋划界图文辑要》《海洋法前沿问题研究》。

海洋是人类生存发展的源泉，科技的进步使人类对海洋的认识不断全面和深化，海洋对人类社会的作用和价值逐步向多元化方向发展。海洋事务是国际事务的重要领域，海洋问题是国家发展的战略问题。开发和利用海洋是世界强国发展的必由之路，海洋战略决定着国家海洋事业的兴衰成败。

一、海洋的战略地位

海洋总面积约为3.6亿平方公里，占地球总面积的71%，蕴藏着丰富的资源，具有重要的价值。在21世纪经济全球化和世界多极化的条件下，海洋对世界政治经济秩序和国家的安全与发展的影响越来越大。海洋的战略地位越来越重要，已经成为人类生存与发展空间拓展的主要领域。

（一）海洋的战略价值

海洋是富饶的资源宝库。地球表面积的2/3是海洋，海洋是个蓝色的聚宝盆，是人类可持续发展的宝贵财富。据估算，海洋中的矿物资源和生物资源是陆地的1000倍，地球上约85%的物种生活在海洋里。世界海洋资源开发潜力巨大，初步探明的全球海洋可开发的资源主要有：海洋生物资源23万种，其中鱼类1.9万种，重要的捕捞对象800多种，可捕量2亿～3亿吨。全球海洋石油可采储量约1350亿吨，天然气约140亿立方米，分别是陆地可采石油和天然气储量的51%和42%。全球98%的天然气水合物（俗称“可燃冰”）储藏在海洋中，其含碳量相当于全球煤炭、石油、天然气的两倍。海洋可再生能源约70亿千瓦，是目前全世界发电能力的十几倍。全球 97.3% 的水资源在海洋中，海水资源是无限性资源，开发潜力巨大。全球海水中有盐、钾、碘、溴、金、铀等多种固体矿物物质（5×1016 吨），铺在地上可使地面增高 150 米。处于国家管辖之外的国际海域，还蕴藏着丰富的、潜在商业开采价值巨大的金属矿产资源。其中，多金属结核资源 700 多亿吨，钴结壳资源 210 亿吨，海底热液硫化物资源 4 亿多吨。深海遗传资源是正在快速发展的新领域，国际专利近 1000 项，排名前 10 的国家有美、德、日、法、英、丹、比、荷、瑞士和挪威，占专利总数的 90%，其中美、德、日占到 70%。中国内地尚无一项，香港地区有两三项。

海洋经济是新的增长点。目前，开发利用海洋形成的海洋产业已经超过 20 个，海洋经济产值超过世界 GDP 总量的 4%，成为新的经济领域和增长点。海洋和沿海生态系统以及各种海洋用途，为全世界数十亿人口提供粮食、能源、运输和就业。人类对海洋的调查研究不断取得新的成就，寻找新的可开发资源，探索新的开发领域。例如：发展海水直接利用、海水淡化、海水化学元素提取、深海水利用等海水利用产业；探索开发海洋砂矿、海底油气、海洋磷灰岩矿等海底矿产资源及深海遗传资源等。

海洋是“蓝色国土”和战略新疆域。根据《联合国海洋法公约》（以下简称《公约》），全世界约有 150 个沿海国可以主张包括领海、专属经济区、大陆架在内的管辖海域，总面积约为 1.09 亿平方公里，约占海洋总面积的 30%。领海是国家领土的主要组成部分，专属经济区、大陆架中的自然资源属于沿海国。作为国际海域的公海和国际海底区域约为 2.5 亿平方公里，是世界各国都可以利用的“公地”，也是中国可以开发利用的战略新疆域。

中国位于亚洲大陆的东部，太平洋的西岸，既是大陆国家，也是海洋国家。陆地国土幅员辽阔，有 960 万平方公里，南北相间长约 5500 公里，东西相间宽达 5200 公里，陆地边界长达 22800 公里。中国大陆东南两面为海洋所环抱，濒临渤海、黄海、东海和南海，大陆岸线绵亘南北，北起中朝边界的鸭绿江口，南至中越边界的北仑河口，全长约 18000 公里。中国在海上拥有 6900 多个 500 平方米以上的海岛。基于大陆和海岛，根据《公约》和我国内法的有关规定，中国可主张的管辖海域面积 300 万平方公里，其中包括与陆地领土具有同等法律地位的内水和领海约 40 万平方公里，中国的“蓝色国土”相当于陆地国土的 1/3。

中国的海域处在中、低纬度地带，自然环境和资源条件比较优越。中国海域海洋生物物种繁多，已鉴定的达 20278 种，已经开发的渔场面积达 81.8 万平方海里。中国有浅海、滩涂总面积约 1333 万公顷，其中可进行人工养殖的水面有 260 万公顷，已经开发利用的有 93.8 万公顷。中国海域有 30 多个沉积盆地，面积近 70 万平方公里，石油资源量约 250 亿吨，天然气资源量约 8.4 万亿立方米。中国沿海共有 160 多处海湾和几百千米深水岸线，许多岸段适合建设港口，发展海洋运输业。沿海地区共有 1500 多处旅游娱乐景观资源，适合发展海洋旅游业。中国海域还有丰富的海水资源和海洋可再生能源。

作为一个陆海兼备的国家，中国的海洋自然地理环境有以下特点：第一，海岸线长度与陆地国土面积之比小。中国的海岸线长度位居世界第三，但因为陆地国土面积大，单位面积平均拥有的海岸线很短，海岸线长度与陆地国土面积之比是 0.00188，居世界第 94 位，低于世界大多数沿海国。说明中国广大内陆地区利用海洋是不方便的。第二，海陆面积之比小。根据《公约》，全球可以划归沿海国家管辖的海域总面积近 1.09 亿平方公里，除南极洲以外的陆地面积约 1.36 亿平方公里，国家管辖海域面积与陆地面积之比为 0.96。中国可主张的管辖海域面积 300 万平方公里，海陆面积之比不到 0.3，远低于世界平均水平。第三，海洋自然地理条件不利。中国大陆的东部是渤海、黄海、东海和南海，属于太平洋的边缘海，双重岛链呈大半径的圆弧形环绕着中国大陆，除台湾岛东部以外不能直接面向大洋，属于《公约》所说的“闭海或半闭海”国家。中国进出世界大洋要经过日本等国的诸多海峡和水道，海洋自然地理条件先天不利。

中国可主张的管辖海域是宝贵而有限的生产生活空间。中国是世界人口最多的发展中国家，应该更多地开发利用公海和国际海底区域及其资源。

地球上的海洋是连在一起的，海洋是各国融入世界的大通道，经济全球化离不开海洋。马克思在《共产党宣言》中指出，“世界市场”形成之后，世界性的生产和消费，各民族的相互往来，都与“交通的极其便利”密不可分，其中主要是全球海上交通。世界各国都十分重视争夺海洋，大国的政治家、战略家都从战略全局上关注海洋。在新的经济全球化形势下，国家之间的经济贸易往来更加频繁，全球 90% 的贸易通过海洋运输。国际海事组织曾断言，如果没有海运，洲际贸易无法进行，世界经济将面临瘫痪。

目前，我国的经济重心在东部沿海地区，但国家的利益已超出地理边疆，成为深度融入全球经济、高度依赖海洋的开放型经济体系。我国经济的对外依存度已高达 60%，对外贸易运输量的 90% 以上是通过海上运输完成的。中国商船队的航迹遍布世界 1200 多个港口，世界 10 个最大的集装箱港口中国有 5 个。世界航运市场 19%的大宗货物运往中国，22%的出口集装箱来自中国。中国海洋经济总量已占 GDP 的 10% 左右。目前，中国对外原油依存度已达到 55%，预计到 2020 年石油的对外依存度可能会达到 70%，而进口石油的运输有 90% 都是走海运的。中国已经成为依赖海洋通道的外向型经济大国，海洋已经成为支撑这一格局的重要载体。

海洋是国际竞争的重要舞台。海洋历来是国际政治、经济和军事斗争的重要舞台。海洋划界争端、海洋油气资源争端、渔业资源争端、深海矿产资源勘探开发以及深海生物资源利用的竞争，十分激烈，甚至引起局部地区争夺海岛主权、争夺管辖海域、争夺经济资源的海上战争；海洋还是沿海国家防御外来入侵的前沿，强国进攻其他国家的通道；争夺海洋的力量由单纯的武装力量发展到政治外交力量、经济开发力量和海洋科技力量与军事力量相结合的综合海上力量。

（二）海洋与人类社会的发展

生命起源于海洋。据考证，旧石器时代向新石器时代过渡（约 15000 年前）时开始出现渔猎经济；新石器时代，海产品已成为重要的食物来源。5000 年前，山东胶县的三里河人开始大量捕捞海鱼。《竹书纪年》记载，商周（公元前 21 世纪 ~ 公元 221 年）时“东狩于海，获大鱼”。

14 世纪以前，海洋的作用主要是沿海地区的民众利用海洋发展渔业、盐业和沿岸交通，即中国古代所说的“兴渔盐之利，通舟楫之便”，保证沿海地区居民生存和发展。人类对海洋的开发、利用与认识仅限于“靠海吃海”与“就近航海”的原始利用阶段。海洋文明只能算作是“内海文明”或“沿海文明”，海洋仍是分割世界各大陆的天堑，在整个世界政治中发挥的作用十分有限。这一时期的中国基本上处于一个相对封闭的地理环境中。作为传统的陆权大国，海洋对中国政治、经济、安全等方面的影响是很有限的。自15世纪开始，海洋成为海洋强国掠夺海外财富的通道。随着殖民主义、资本主义的产生以及航海技术的进步，欧洲列强掀起了海洋远航探险的热潮。新航路的开辟以及世界体系的形成，使得海洋在世界政治经济中发挥的作用越来越突出，逐渐成为西方列强开展竞争的场所。欧洲列强开始率先利用工业革命积聚的优势力量进行殖民扩张，葡、西、荷、俄、英、美、德、日等先后成为海洋强国，并利用海洋发展成为世界强国。资本主义的发展离不开海洋。《共产党宣言》中所说的“世界市场”，世界性的生产和消费，各民族的相互往来和依赖，都与“交通的极其便利”密不可分，其中主要是全球海上交通。

19世纪末，美国经济实力超过老牌资本主义强国，进入全面扩张时期。马汉提出的海权论，为美国走上称霸海洋的道路奠定了理论基础。马汉全面系统地论述了海上力量对历史的影响，论述了“强大的舰队”“繁荣的商业”和“海外基地”互相依存的关系。马汉认为，海上力量决定国家命运，一个国家是否强大甚至能称雄世界，决定于它是否能通过海上力量来控制海洋。海权（sea power）是“凭借海洋或通过海洋能使一个民族成为伟大民族的一切东西”，海权对世界历史发展有决定性影响。

韩非子曾提出“历心山海而国家富”的著名论断，中国在15世纪早期也有过郑和下西洋的壮举。但由于仍然处于封建社会，农业经济、大陆文明居于主导地位，远洋活动缺乏制度、经济和海洋文明的支持，无法像西方列强那样发展成强大的海权国家。明朝中叶以后，由于海洋方面面临的安全压力逐渐显现，统治者为加强海防，实行海禁政策，本不十分活跃的海洋活动受到进一步冲击。到了公元 19 世纪，西方列强纷纷从海上打开中国国门。中国被纳入以欧洲为中心的殖民体系中，逐渐沦为半殖民地半封建社会。据统计，在 1840 ~ 1940 年的 100 年中，中华民族受到来自海上的入侵 479 余次，规模较大的入侵 84 次，入侵舰船 1860 多艘，兵力 47 万多人，清政府被迫签订不平等条约 50 个。近代中国的有识之士逐步认识到“兴邦张海权”的道理。伟大的先行者孙中山说过，“海权操之在我则存，操之在人则亡”。

古罗马哲学家西塞罗说过，谁控制了海洋，谁就控制了世界。19 世纪马汉的“海权论”至今仍发挥着影响——所有帝国的兴衰，决定性的因素在于是否控制了海洋。海上力量在决定国家命运方面极端重要。20 世纪 90 年代以后，人类对海洋的价值有了新的认识，海洋对人类社会的发展作用和价值逐步向多元化方向发展。海洋既是交通的通道，又是地球环境的重要组成部分和调节器，还是可持续发展的宝贵财富，21 世纪已成为海洋世纪。

二、中国的海洋发展战略——建设海洋强国

战略（strategy）意即作战的谋略，筹划和指导战争的艺术，为了实现特定目标而运用力量的科学与策略。古今中外，社会各领域借用战略概念研究重大问题的规律，解决问题的策略、方法和艺术，形成了战略本意之外更广泛的含义和概念体系，最典型的如国家战略。人类的实践和理论的发展，不断赋予“战略”一词以新的含义，

也将其广泛运用于非军事领域。战略的概念在海洋领域的应用，战略理念与海洋事务相结合，于是便称海洋战略。

（一）中国海洋战略的发展脉络

虽然还没有完整全面形诸文字的海洋战略，但自 1949 年中华人民共和国成立以来，中国的海洋战略从开始萌芽到迅速丰富和发展，迄今已有较为丰富的内涵，呈现出一幅“生存 – 发展 – 强大”的路线图。

作为陆海复合国家，我们在安全方面深受海陆双重易受伤害的困扰。一方面，新中国成立之初，我们面临着严重的海上安全威胁。台湾当局不断以各种方式骚扰东南沿海地带，以美国为代表的帝国主义对新中国实施军事遏制、经济封锁的打压政策，建立孤立和封锁中国的新月形军事包围圈，企图将新中国扼杀在摇篮之中。另一方面，苏联长期构成来自西北边疆的现实威胁，成为中国防务的重点，导致对海洋权益和岛屿主权的维护被迫居于次要地位，周边国家趁此侵占我国南海岛礁。以毛泽东为核心的领导集体的海洋观或言海洋战略的核心是建设海军，加强岸防和海防，抵御外敌入侵，保卫国家安全。1958 年的领海声明确定了当时并不多见的 12 海里领海宽度，宣示对中国大陆及其沿海岛屿，台湾及其周围各岛、澎湖列岛、东沙群岛、西沙群岛、中沙群岛、南沙群岛以及其他属于中国的岛屿的领土主权，划定了海洋主权范围。在恶劣的周边和国际环境之下，中国共产党和中国政府以底线思维来看待海洋问题。这一时期海洋战略的核心关切是“活下来”。

20 世纪 80 年代，国际形势发生重大变化，紧张形势渐趋缓和，“和平与发展”成为当今世界的时代主题。在这一时代背景下，我国的海洋战略也做出了重要调整，从改革开放、发展经济的角度去思考海洋问题。以邓小平为核心的中央领导集体的海洋战略思想，一是海洋安全方面的防御，二是经济建设方面的对外开放。邓小平同志曾指出："我们的战略始终是防御，20 年后也是战略防御，包括核潜艇也是战略防御武器……就是将来现代化了，也还是战略防御。"他多次提出要"进军海洋，造福人民"，要"发展海洋事业，振兴国家经济"。通过海洋走向世界，发展经济，提高人民生活水平。所谓对外开放，实质特征之一就是向海洋开放。一是沿海地区先行开放，例如设立经济特区；二是提出解决海洋争端的"权宜之计"，例如"搁置争议、共同开发"等。这一时期海洋战略的核心关切，除了海洋安全问题，更主要的是国民经济发展问题。不仅要活下来，还要发展起来，"活得好"。

进入 21 世纪，海洋在中国国家发展战略中的地位日益重要，东部沿海地区的继续发展需要海洋的支持，改革开放的经济格局需要海上通道的安全来保障，中国国家战略空间的拓展和安全需要海洋来实现。世界海洋形势的深刻变化以及海洋在各沿海国战略地位的普遍提高，中国所处的海洋政治地理环境更加复杂多变，外向性和开放性更加突出，更易受到国际以及周边海洋政治、经济以及安全形势的影响。因而，2015 年 5 月发布的《中国的军事战略》白皮书，强调"近海防御、远海护卫"战略。要求逐步实现近海防御型向近海防御与远海护卫型综合转变，构建合成、多能高效的海上作战力量体系。

党的十八大报告从战略高度对海洋事业发展作出了全面部署，明确提出要"建设海洋强国"。习近平总书记站在全局和战略高度，要求进一步关心海洋、认识海洋、经略海洋，推动海洋强国建设不断取得新成就。与此同时，决不能放弃我们的正当权益，决不能牺牲国家核心利益。坚持维护国家主权、安全、发展利益相统一，维护海洋权益和提升综合国力相匹配；坚持用和平方式、谈判方式解决争端，努力维护和平稳定，但也要做好应对各种复杂局面的准备，提高海洋维权能力，坚决维护我国海洋权益。中国是海洋地理不利国，既有历史问题的积累，也有周边闭海或半闭海自然条件导致的资源和环境承载力的限制，中国海洋发展不能囿于近海。随着中国在海洋上的利益的不断增加，将持续地、全方位地走向海洋化，国家海洋利益涉及太平洋、印度洋、大西洋和南北两极。我们面临的历史任务，一是一定程度上解决历史积累的海洋权益和海洋安全问题，二是切实行使、维护《公约》和国际法赋予的海洋权利，三是依法拓展海洋利益边疆。

以习近平同志为核心的新一届中央领导集体，海洋战略的重点在于坚决维护海洋权益，创造稳定的周边海洋环境，向海洋拓展战略新疆域，建设海洋强国，解决让国家强大起来的问题，实现中国梦，让中华民族骄傲地屹立于世界民族之林。

（二）“建设海洋强国”的海洋发展战略

海洋在国家和民族兴衰史中扮演重要角色。纵观历史，向海则兴，闭海则衰。在和平与发展的时代背景下，中国正处在走向海洋的战略机遇期。统筹国内国际两个大局，强化机遇意识，建设中国特色海洋强国，是促进建成小康社会和实现中华民族伟大复兴的必由之路。

1. 建设海洋强国的战略目标与布局

建设海洋强国是一个长期而艰巨的战略任务，应加强组织领导，制定海洋发展战略和政策，不断提高海洋综合管理能力，围绕十八大提出的“两个一百年”的奋斗目标，分阶段、有步骤地推进海洋强国建设，到21世纪中叶实现海洋强国的战略目标：海洋经济规模较大、结构合理，为国民经济做出更大贡献；海洋综合力量强大，能够保证领海和岛屿领土主权不丧失、专属经济区和大陆架主权权利和管辖权不受侵犯、全球海上航线安全；在东亚地区海洋事务中享有引导权、全球海洋事务享有重要的发言权。

在战略布局上，要树立大海洋思想，充分利用世界海洋空间、开发世界海洋资源、保护海洋生态环境。要把海洋作为国家战略区域布局重点，优化开发海岸带和邻近海域，加强海岛保护与生态建设，有重点地开发大陆架和专属经济区，加大极地和国际海底区域资源调查与勘探力度。

2. 建设海洋强国的战略领域和任务

海洋强国的基本特征是：海洋经济发达，海洋科技创新强劲，海洋生态环境优美，海防力量强大。中国特色的海洋强国建设应全面推动海洋事业科学发展，围绕十八大的总部署，习近平总书记提出了指导今后相当长一个时期海洋工作发展方向的“四个着力推动”的具体要求。十八大关于海洋事业发展的战略部署和习总书记的具体指示，为我们全面落实建设海洋强国的战略任务指明了方向。

一要以经济为基础，提高海洋资源开发能力，着力推动海洋经济向质量效益型转变。较高的海洋开发能力和发达的海洋经济是建设海洋强国的重要基础，要努力推动海洋经济为国家能源安全、食物安全、水资源安全做出更大贡献。二要以管理为手段，保护海洋生态环境，着力推动海洋开发方式向循环利用型转变。坚决遏制海洋生态环境不断恶化趋势，让我国海洋生态环境有一个明显改观，让人民群众能够享受到碧海蓝天和安全放心的海产品。三要以科技为先导，发展海洋科学技术，着力推动海洋科技向创新引领型转变。海洋高新技术是建设海洋强国的重要支撑，要依靠科技进步和创新，努力突破制约海洋经济发展和海洋生态保护的科技瓶颈。四要以海上力量为保障，维护国家海洋权益，着力推动海洋维权向统筹兼顾型转变。提高海洋综合实力，维护海洋权益要和提升综合国力相匹配，坚持“主权属我、搁置争议、共同开发”的方针，坚决维护我国海洋权益。

党的十八大报告提出了“两个一百年”构想。到建党一百周年的2020年，实现“全面建成小康社会”；到新中国成立一百年的本世纪中叶，建成富强、民主、文明、和谐的社会主义现代化国家。建设海洋强国的海洋发展战略，服从、服务于“两个一百年”的战略构想。

三、建设海洋强国的机遇与挑战

中国是陆海兼备的大国，在当今世界多极化和经济全球化格局下，中国正处在走向海洋、建设海洋强国的重要战略机遇期。在全面参与经济全球化、建设海洋强国的征途上，机遇和挑战并存，机遇大于挑战，需要我们有效应对。

（一）现实需求与历史意义

随着时代的发展，海洋对人类社会的发展作用和价值逐步向多元化方向发展，战略地位更加重要。21世纪，中国已经是融入全球体系的大国，走向海洋、建设海洋强国具有重大的战略意义。建设海洋强国一是服务于全面建成小康社会，二是服务于中华民族伟大复兴。

汲取古今经验教训。纵观古今中外历史，强国的兴衰变迁无不与海洋有关。世界强国大都是通过塑造海洋强国，发展海上力量，夺取制海权，进而开辟通商口岸、占有国际资源、实现资本输出，获取海外利益，从而一跃崛起。自 1840 年鸦片战争以来，中国近代遭受列强入侵全部来自海上。只有建设成为海洋强国，才能促进中华民族伟大复兴。

顺应时代发展潮流。21 世纪，人类社会进入开发海洋资源和利用海洋战略空间的新阶段，更多的大国政治家、战略家从战略全局上关注海洋，制定新的国家海洋政策，把建设海洋强国作为立国的根本大计。2002 年以来，海洋大国和周边邻国，如美国、日本、越南纷纷制定新时期的海洋战略和规划。相关国家亚太战略和政策

1840 年鸦片战争后，伴随着西方资本主义的开发热潮，华工大量到达海外。图为建设美国中央太平洋铁路的广东华工。

的调整，不可避免地影响到这一地区的海洋形势，对我国海洋事务产生深远影响。

维护国家战略利益。中国是陆海兼备的发展中国家，在全球海洋上有广泛的战略利益，包括国家管辖海域的海洋权益，利用全球通道的利益，开发公海生物资源的利益，分享国际海底财富的利益，海洋安全利益，海洋科学研究利益等。

应对安全威胁和海洋权益争端。根据《公约》的规定和我国相关立法，中国可以主张的管辖海域面积约 300 万平方公里，但其中约有一半以上有争议。从地缘政治看，中国海域被重岛链封锁，美国、日本、韩国、澳大利亚等结成海上同盟，并与周边其他国家配合，构建了海上军事围堵线。维护海洋权益还涉及岛礁主权、海域划界和资源争端等问题，海洋维权形势严峻，可能引发政治、外交甚至军事冲突和危机。

缓解资源和环境压力。中国人口已超过 13 亿，占世界人口的 22%，人均资源量远低于世界平均水平。据预测，全球资源需求的高峰将出现在 2020 年，中国资源需求的高峰也将出现在 2020 ~ 2030 年。预计到 2030 年中国人口将达到 16 亿，粮食需求量将增加 1.6 亿吨。中国社会经济可持续发展承受的资源环境压力越来越大。走向大海洋、拓展新疆域，可为建成小康社会提供丰厚的资源基础和广阔的发展空间。

（二）发展机遇和基础条件

我国海洋事业不断发展壮大，从新中国成立前积贫积弱、一穷二白的海洋弱国，逐步发展成为具有重要国际影响力的海洋大国，已具备向海洋强国迈进的基础条件和良好机遇。

世界历史进入和平与发展时代。第二次世界大战之后的60多年，没有发生过海洋强国之间的大规模战争。世界上既有海洋霸权国家，也有建设和保持一般海洋强国地位的国家。和平、发展、合作成为世界主流，出现了可以采取和平模式建设海洋强国的历史环境，为中国建设海洋强国提供了可能。

海洋强国间竞争与合作并存。和平与发展的后海权时代，世界海洋强国间呈现出合作与竞争并存的局面。美国、俄罗斯、中国、英国、法国、印度、德国和日本等国在海上武装力量发展、海洋资源开发利用、海上通道控制与利用、海洋科学技术研发与利用等领域展开激烈竞争。同时，经济全球化、环境和气候变化等全球性问题的存在使合作成为各国的必然选择。中国的和平发展，与国际社会共同应对气候、环境、经济和政治等领域的全球性问题是大势所趋。

海洋资源环境条件基本具备。中国是濒临西北太平洋的沿海大国，有漫长的海岸线，包括18000公里的大陆岸线和14000公里的岛屿岸线，管辖海域中蕴藏着丰富的海洋资源。此外，中国在太平洋、印度洋获得了4块拥有专属勘探权和开发权的锰结核、钴结壳和多金属硫化物矿区。中国走向海洋的资源环境和地理条件基本具备。

中国的综合国力不断提升。2010年，中国的GDP首超日本，成为世界第二大经济体。2014年，中国海洋生产总值59936亿元人民币，比上年增长7.7%，海洋生产总值占国内生产总值的9.4%。海洋经济继续成为国民经济的重要组成部分和新的增长点。根据综合国力增长速度测算，2020 ~ 2030年，中国的综合国力排序可能上升到第四或第三位。海洋综合管理能力和海洋维权执法能力逐步提升，海洋科技创新能力明显增强，参与和处理国际海洋事务的能力不断提高，海上力量日益壮大。综合国力的不断增强为海洋强国建设奠定了坚实基础，提供了有力支撑。

拥有良好的政策环境。国家重视海洋的发展，十八大提出“建设海洋强国”的战略目标，党中央做出了建设海洋强国的全面部署，为国家整体筹划海洋事务提供了战略指导。习近平总书记在中央政治局第八次集体学习时的讲话中明确表示，实施“建设海洋强国”这一重大部署，“对推动经济持续健康发展，对维护国家主权、安全、发展利益，对实现全面建成小康社会目标、进而实现中华民族伟大复兴都具有重大而深远的意义。”习近平总书记指出，“建设海洋强国是中国特色社会主义事业的重要组成部分。”这些指示为我们走向海洋提供了有力的政策保障，为拓展海洋发展空间创造了良好的政策环境。

“21 世纪海上丝绸之路”是积极开拓战略边疆，协调与周边国家经济合作与安全合作关系的重要内容。中国将从现有的区域合作机制着手，把这些国家和地区串联起来，搭建战略平台，促进沿线国家的经济发展与共同富强，有利于中国的国际战略安全，为建设海洋强国塑造稳定的外部环境。

中国在海洋上有着广泛的战略利益，丰富的海洋自然资源和巨大的生态系统服务价值是国家经济社会发展的重要基础和保障。中国已经具备了大规模开发利用海洋、向大海寻求发展空间、为解决国家 21 世纪的粮食问题、水资源问题和能源安全问题做出贡献的经济技术能力。随着我国参与经济全球化和区域经济一体化程度不断加深，海洋越来越多地涉及我国的战略利益，牵动着我国的经济命脉，影响着我国的安全和社会稳定。建设海洋强国，以海洋作为自然资源开发的后备战略基地，不断加快海洋开发步伐，依海富国，以海强国，是实施国家可持续发展战略的必然选择。

（三）可控风险和严峻挑战

尽管近些年来我国海洋经济在国家重视发展海洋事业的总体战略下实现了快速发展，但由于海洋经济发展起步相对较晚、海洋产业空间布局不合理、海洋科技总体水平不高以及区域海洋经济发展不平衡等问题，海洋经济整体发展水平相较于其他海洋强国还有很大空间。在海洋法律法规方面，由于我国海洋立法薄弱，与国际海洋法律接轨程度不够，海洋权益受到越来越多的挑战。

1. 海洋经济发展水平较低

海洋产业发展区域主要集中在近海和浅海，海岸带经济在海洋经济发展中居主要地位，对远海海域和深海海域利用尚存在一定的缺陷，而且沿海地区之间存在较大差异，发展水平不平衡。海洋高新技术产业在海洋经济中所占比例较小，科技贡献率仅为30% ~ 35%，而发达国家已经达到70% ~ 80%。随着沿海地区经济快速发展以及临海产业的加速集聚，科学利用海洋资源、有效保护海洋生态环境的任务更加艰巨，转变海洋经济发展方式的任务也更加迫切。一是海洋产业结构和空间布局不尽合理。“海岸经济”仍然是主体，产能过剩和低质化并存，海洋经济大而不强。二是海洋经济粗放式增长尚未根本转变，海洋资源与生态环境约束加剧。三是海洋科技对海洋经济的引领与支撑能力不足。支撑海洋经济发展的自主核心技术缺乏、成果转化率低、科技高端人才不足，特别是深海技术和装备落后于人，海洋资源开发核心技术差距较大。四是保障海洋经济发展的海洋管理体制机制有待进一步改进和完善。

2. 海洋法律制度有待健全和完善

20 世纪 80 年代以来，以第一部海洋立法——《海洋环境保护法》为标志，中国海洋法制建设已经取得了长足进步，海洋法律体系基本建立，但海洋法律法规还有待健全和完善。第一，现行《宪法》中没有关于海洋的表述，海洋尚未“入宪”，在“母法”中未著一字，在国家根本大法中没有海洋的地位。第二，还没有统一的海洋法典，也没有一部统领海洋事务的基本法律，现行海洋法律法规多见于行政法规、部门规章，法律的数量较少。第三，海洋立法中涉及实体内容的法律法规数量相对较多，而涉及程序内容的立法数量较少，特别是对于执法活动中登临、紧追、扣押等措施的使用条件和程序，缺乏具体规定。第四，海洋法律法规缺乏系统性，既有“法律打架”，也有立法空白，如缺少管理海上人工岛屿、设施和结构的建造、使用方面的立法，也没有外国军用船舶在中国领海和内水航行以及逗留的规则。凡此种种，不利于发展海洋经济、维护海洋权益，不利于建设海洋强国，也难以有效对接相关国际公约赋予我国的权利和义务。

3. 海洋权益面临严峻挑战

一是长期存在的岛屿问题。我国是世界上岛屿主权争端较多的国家之一。我国与日本、菲律宾、越南、马来西亚和文莱都存在岛屿主权争端，比如钓鱼岛争端。钓鱼岛及其附属岛屿（简称钓鱼岛）有大小岛屿 71 个，其中较大的有钓鱼岛、黄尾屿、赤尾屿、南小岛和北小岛。钓鱼岛作为台湾的附属岛屿，是中国的固有领土。1895 年钓鱼岛被日本侵占。二战后，美国“托管”冲绳时错误地将钓鱼岛划入“托管”范围；1971 年“归还”冲绳时，一错再错地把钓鱼岛“行政管理权”一并移交日本。2012 年，日本违背中日就钓鱼岛问题曾经达成的共识，企图以“购岛”方式实现“国有化”。我国坚决果断地采取一系列反制措施，取得钓鱼岛维权斗争的历史性突破，形成了我国执法船舶和飞机在钓鱼岛海域常态化巡航的新局面。黄岩岛问题。20 世纪 90 年代后菲律宾正式对黄岩岛提出主权要求。2009 年菲通过新法案，将黄岩岛及南沙部分岛礁（所谓的“卡拉延群岛”）规定为菲领土。2012 年 4 月，菲派军舰抓扣我渔民渔船，挑起黄岩岛对峙事件。我国迅速采取有效措施，实际控制了黄岩岛。菲不断采取政治、外交和军事等手段，挑战我国对黄岩岛的主权。2013 年 1 月 22 日，菲对我国提起强制仲裁，试图通过国际化、司法化方式对我国施压。菲单方面提起的所谓仲裁程序涉及我国岛屿主权和海域划界，我国采取了不接受、不参与的立场，但所谓的仲裁程序并不会因此而停止。日前，所谓的仲裁庭做出了具有管制权的裁决，下一步将就实体问题进行裁决，我国面临新中国成立以来最大的国际司法挑战。南沙群岛争端。二战前及二战期间，法国和日本曾先后占领南沙群岛部分岛礁，二战后，我国按照《开罗宣言》和《波茨坦公告》的有关规定，收复了南海的岛礁。自 20 世纪 70 年代起，越、菲、马等分别侵占南沙岛礁，文莱提出岛礁主张。我国对所驻岛礁的建设遭到美国等的“舆论围攻”：指责我国岛礁建设破坏海洋环境、人工岛没有领海，美并声称将派军舰进入建设岛礁的 12 海里领海。2015 年的香山论坛上，美还抛出所谓“南沙非军事化”言论。

二是复杂尖锐的海洋划界问题。我国与周边 8 个海上邻国均需划定海上边界。2000 年划定的中越北部湾边界长约 500 公里，是我国与邻国划定的第一条海上边界。越、印尼、马已陆续划定相互间在南海南部的大陆架边界，侵占了我国南海断续线内部分海域。

1943年11月，开罗会议在埃及开罗召开，蒋介石、罗斯福、丘吉尔出席。

2009年，越、马向联合国大陆架界限委员会提交了南海北部200海里外大陆架划界案和南海南部的联合划界案，使南海争端又增添了新的斗争焦点。2012年，在我国提交东海部分海域外大陆架划界案之后，韩国也提交了东海划界案，其划界案的南端部分已经进入钓鱼岛群岛最东端的赤尾屿的200海里范围，使得东海划界形势更加复杂。

三是日趋激烈的海洋资源争夺。长期以来，我国渔民渔船在东海和南海屡遭有关国家的袭扰、抓扣，甚至开枪射击，造成人员伤亡和财产损失，作业渔船数量骤减。2005年以来，日本持续不断派遣飞机监视和干扰我国“春晓”油气田正常作业，每日至少2个航次“制度化巡视”，钓北油气盆地无法调查勘探。越、菲、马、文等国迄今已签订了150多个对外合作勘探开发协议，其中有相当数量位于我国南海断续线以内。周边国家每年从南海断续线内开采油气达5000多万吨油当量。2014年，越对我国“HY981”疯狂干扰，不择手段地阻挠我国的油气勘探作业。

四是严峻的海洋安全挑战。目前，我国安全威胁主要来自海洋方向。岛礁主权争端存在引发军事冲突的风险，海洋划界及海洋资源开发争端也容易引发外交和海上突发事件，甚至武力冲突。美国加大对我国海上军事测量和侦察的力度，加紧在我国周边的军力部署和海空一体战准备，不断强化与日、越、菲、泰、新等国家的同盟和合作关系，加紧拉拢缅、柬和老等国，构筑对我国的战略围堵态势。日本通过政治、外交、经济和军事等手段，全方位支持菲、越在南海争端问题上与我国对抗，插手南海争端。印度实施“东进战略”，与东盟国家的政治、经济和军事关系发展迅速，其油气公司通过与越南合作，直接介入南海争议海域油气的勘探开发。

五是亟须拓展的深远海战略利益。公海、国际海底区域和南北两极是海洋强国重点关注的战略方向，是大国战略博弈的前沿。当前，建立公海保护区是国际海洋事务中新的热点问题，是海洋大国以绿色手段发挥影响力的重要方式。我国在国际海底区域矿区申请方面居于世界领先地位，但是在天然气水合物和深海生物基因等新资源的研究、勘探开发方面落后于发达国家。北极战略通道利用、应对气候变化等对我国利益攸关，但北极事务的决定权控制在北极国家手中。我国在南极事务中有一定影响力，在南极建设新的科学考察站，拓展科考领域，在南极保护区建设、前沿科学研究等方面亟待加强。在公海、国际海底区域和南北极的战略布局中，我国整体上仍处于奋力追赶的阶段。

四、小结

人类对海洋的利用自古有之，在经济全球化、世界多极化的21世纪，海洋对人类社会发展作用和价值逐步向多元化方向发展，战略地位更加重要，逐步发展成为人类生存与发展空间拓展的主要领域。世界各国高度重视海洋，制定和调整海洋战略与政策，以获取更多海洋利益。中国是陆海兼备的发展中国家，借鉴和学习国外海洋发展的经验，重视海洋事业的发展，加快走向海洋的步伐。

建设海洋强国，海洋战略是根本，综合国力是基础。党的十八大报告从战略高度对海洋事业发展做出了全面部署，明确指出要建设海洋强国。2013年7月底，习近平总书记在主持中央政治局第八次集体学习时强调，建设海洋强国是中国特色社会主义事业的重要组成部分。

在当今世界多极化和经济全球化格局下，中国正处在走向海洋，建设海洋强国的战略机遇期，围绕着“海洋强国”的战略目标，需要以创新性思路和科学方法，促进中国从地区性大国向全球性大国迈进、从海洋大国向海洋强国转变，通过建设海洋强国而奠定走向世界强国的基础。

美国东移与中国西进

——中美博弈与中国“一带一路”大战略

乔　良

国防大学战略教研部技术二级教授，空军少将军衔。著名军旅作家、军事评论家。国家安全政策研究委员会副秘书长、中国作家协会会员，享受政府特殊津贴。

世界上的各种国际关系中，中美关系是世界上最重要的国际关系之一。当今影响塑造和改变这个世界的，实际上是两大力量在推动它，这两大力量可以说是一种心理的力量，一个就是美国对自己衰落的担心，一个就是对中国崛起的渴望。这两大心理力量正在推动这个世界向前走，可以说这是一种博弈。美国之所以做出中国是美国最主要的挑战对手这样一个判断，是基于传统的帝国式思维。古希腊有一个著名的历史学家，他曾经在研究当年历史的时候，做出了这样一个结论：所有的新崛起的帝国都将对老帝国构成一种挑战，他们之间不可避免要陷入一种陷阱。就是新老之间博弈的陷阱。后来就把这个称作“修昔底德陷阱”。现在美国的一些战略学者越来越担心中美之间也将陷入这样一个走不出去的帝国怪圈。沈大伟先生曾经一度是中国人的朋友，当有些人站在中国的对立面，有些人对中美关系做出了担忧的时候，沈大伟成了最新的“中国崩溃论”的鼓吹者。其实，政治也是一种信心，如果一个国家唱衰另一个国家，这个观点被接受的话，就会受到某种暗示。实际上现在大家都在批评做出对方可能崩溃的结论，无非是为了增强自己的信心，为了打击对方的信心。所以沈大伟所谓的“中国崩溃论”，是为了打击中国的信心。实际上，美国是基于一种帝国的思维在看待这个世界。

那么美国究竟是不是一个帝国？老式的帝国，他们可以有千差万别的个性特征，但有三点是共同的，第一侵占别国的领土，第二掠夺别国的资源，第三奴役别国的人民。美国似乎都不是，美国历史上没有通过战争扩张领土的历史。美国也确实没有像日本人那样占领中国东三省，像德国人占领俄罗斯一样奴役其他国家的人民，日本人用皮鞭、刺刀逼着中国人做苦力。但美国人需要这样做吗？美国人可以用一张纸，这张纸叫作美元。一个国家可以拥有主权，你可以领土完整，你可以在你的主权内做一切行使你自己国家权力的事情，但你的产品资源源源不断廉价地通过一张绿纸的交换输送给美国，美国人拿一张纸，这张纸的成本就近于零，交换你的产品。美国就是在这个基础上，我们把它看作一个帝国，一个金融帝国。

一、中国周边形势与美元指数周期

（一）史上第一个金融帝国的出现

首先，许多研究经济、从事金融相关的人对美元都有研究，有所不同的是我把它和战略问题结合起来谈。从 1971 年 8 月 15 日，美元与黄金脱钩之后，美元这艘大船就摘掉了它的锚，这个锚就是黄金。让我们向前追溯一下，1944 年 7 月，美国为了从大英帝国手中接过货币霸权，由罗斯福总统推动建立了三个世界体系，一个是政治体系——联合国；一个是贸易体系——关贸总协定，也就是后来的 WTO；一个是货币金融体系，也就是布雷顿森林体系。

布雷顿森林体系按照美国人的愿望，是确立美元的霸权地位。但是实际上经过 20 多年的实践，从 1944 年到 1971 年，整整 27 年，却并没有真正让美国人掌握霸权。什么东西阻挡了美元的霸权？就是黄金。布雷顿森林体系建立之初，为了确立美元的霸权，美国人曾经对全世界做出承诺，就是要各国的货币锁定美元，而美元锁定黄金。怎么锁定呢？每 35 美元兑换 1 盎司黄金。有了美元对全世界的这个承诺，美国人就不可能为所欲为。说得简单点，35 美元兑换 1 盎司黄金，意味着美国人不能随便地滥印美元，你多印 35 美元，你的金库里就要多储备 1 盎司黄金。

美国之所以有底气对全世界做出这样的承诺，是因为它当时手中掌握了全球 80% 左右的黄金储备。美国人认为，我有这么多黄金在手，用它去支撑美元的信用是没有问题的。但是情况并不像美国想得那么简单。美国在二战之后先后愚蠢地卷入了朝鲜战争和越南战争。这两场战争使美国耗费巨大，尤其是越南战争。越南战争期间美国差不多打掉了 8000 亿美元的军费。随着战争花费越来越大，美国有点吃不住劲了。因为按照美国的承诺，每 35 美元的流失就意味着 1 盎司黄金的流失。

到 1971 年 8 月，美国人手里的黄金大概还有 8800 多吨，这时美国人知道有点麻烦了，与此同时有些人还在给美国人制造新的麻烦。比如说法国总统戴高乐，他不相信美元，他找来法国财政部长和央行行长，要他们看一下法国有多少美元储备，得到的答案是大概有 22 亿～23 亿美元。戴高乐说，一分都不剩全部提出来交给美国人，换成黄金拿回来。法国人对美国人的这一击，对其他国家产生了示范效应，其他一些外汇盈余的国家纷纷向美国人表示，我们也不要美元，我们要黄金。这样就逼得美国人无路可走。

于是，在 1971 年 8 月 15 日，时任美国总统的尼克松宣布关闭黄金窗口，美元与黄金脱钩。这就是布雷顿森林体系瓦解的开始，也是美国人对世界的一次背信弃义。但是对于整个世界来讲，当时人们还不能完全理清楚头绪。原来我们相信美元是因为美元背后有黄金，美元成为国际流通货币、结算货币、储备货币已经实行了 20 多年了，人们已经习惯使用美元。现在美元突然刹车，它的背后不再有黄金，从理论上讲，它变成了一张纯粹的绿纸，这个时候我们还要使用它吗？你可以不使用它，但在国际贸易结算时用什么对商品的价值进行衡量？因为货币是价值尺度，所以如果不使用美元，难道还能信任别的货币？比如人民币和卢布之间，俄罗斯人（当时的苏联人）如果不认人民币，我们不认卢布的话，就只能继续拿美元作为我们之间的交换介质。

所以，美国人就利用世人的惯性和无奈，在 1973 年 10 月迫使石油输出国组织（欧佩克）接受了美国人的条件：全球的石油交易必须用美元结算。在此之前，全球的石油交易可以用各种国际流通货币结算，但是从 1973 年 10 月以后，一切改变了，欧佩克宣布，必须用美元对全球的石油交易进行结算。这样，美国人在使美元与黄金贵金属脱钩之后又与大宗商品石油挂钩。为什么？因为美国人看得很清楚，你可以不喜欢美元，但你不可以不喜欢能源，你可以不使用美元，但你能不使用石油吗？任何国家要发展，都要消耗能源，所有国家都需要石油，在这种情况下，你需要石油就等于需要美元，这是美国人非常高明的一招。从 1973 年开始美元与石油挂钩，其实是从 1971 年美元与黄金脱钩之后，美元就伴随美国开始了一个新的历程。

当时整个世界并没有几个人清晰地看到这一点，包括很多经济学家、金融专家，他们不能够非常清晰地指出，20 世纪最重要的事件不是别的，不是一战、二战，也不是苏联的解体，而是 1971 年 8 月 15 日美元与黄金脱钩。从此之后，人类真正看到了一个金融帝国的出现，而这个金融帝国把整个人类纳入到它的金融体系之中。实际上所谓美元霸权的建立是从这个时刻开始的。到今天大约 40 年的时间。而从这一天之后，我们进入到一个真正的纸币时代，在美元的背后不再有贵金属，它完全以政府的信用做支撑并从全世界获利。简单地说：美国人可以用印刷一张绿纸的方式从全世界获得实物财富。人类历史上从来没有过这样的事情。人类历史上获得财富的方式很多，要么用货币交换；要么用黄金或者白银；要么用战争的方式去掠夺，但是战争的成本非常巨大。而当美元变成一张绿纸出现后，美国获利的成本可以说极其的低廉。

因为美元与黄金脱钩，黄金不再拖美元的后腿，美国可以随意印刷美元，这时如果大量美元留在美国国内，将造成美国的通胀；如果美元输出去，那就意味着全世界替美国消化通胀，这就是美元通胀率不高的主要原因。换句话说，美国向全球输出美元，也就稀释了它的通胀。但是美元向全球输出之后，美国人手里就没有钱了，这个时候如果美国人继续印刷货币，美元就不断贬值，这对美国没有好处。所以说美联储并不像有些人所想象的那样，是一个滥印货币的中央银行。美联储实际上懂得什么叫克制。从 1913 年美联储成立到 2013 年一百年，美联储一共发行了多少美元？大约 10 万亿。

这样一比较，有人开始指责中国的央行。为什么呢？我们的央行从 1954 年发行新货币——新人民币到现在，已经发行了 120 多万亿人民币。如果按汇率 6.2 跟美元折算的话，我们大概发行了 20 万亿美元。但是这同样并不意味着中国乱印货币，因为中国在改革开放以后挣到了大量美元，同时这期间还有大量的美元作为境外投资进入中国。但由于外汇管制，美元不能在中国流通，所以央行就必须发行与进入中国的美元及其他外币相应的人民币，然后以人民币在国内流通。可是国外的投资在中国挣到了钱以后，可能就撤走了；与此同时，我们还会拿出大量外汇，从境外够买资源、能源、产品和技术，如此一来，大量的美元走了，人民币留了下来，你又不可能将相应数额的人民币销毁，只能让人民币留在中国继续流通，所以我国人民币的存量必然大于美元。这也反过来佐证了这 30 多年中国经济的惊人发展。中国央行承认近年来大概超发了 20 多万亿人民币。巨量的超发最后全都留在了中国，这就牵扯到后面将要谈到的问题——人民币为什么要国际化。

（二）美元指数周期律与全球经济的关系

美国之所以没有通胀很大程度上就在于美元的全球流通。但是美国又不能无节制地发行美元，让美元不断贬值。所以要节制。可节制后手中没有美元了怎么办？美国人有另外一套办法解决这个问题，那就是发行国债，通过发行国债又让输出去的美元通过债务资本重新回到美国。美国人开始玩起一手印钱，一手借债的游戏，印钞能赚钱，借债也能赚钱，以钱生钱，金融经济比实体经济赚钱来得痛快多了，谁还愿意出大力流大汗去干附加值低的制造业、加工业等实体经济？1971 年 8 月 15 日之后，美国人逐渐放弃了实体经济而转向虚拟经济，渐渐变成一个空心化的国家。今天美国的 GDP 已经达到 18 万亿美元，实体经济为其 GDP 的贡献不超 5 万亿，剩下的大部分全都是虚拟经济带来的。美国通过发行国债，让大量在海外流通的美元重新回到美国，进入美国的三大市——期货市场、国债市场和证券市场。美国人通过这个方式钱生钱，然后再向海外输出，这样循环往复地生利，美国由此变成一个金融帝国，把全世界纳入它的金融体系之中。很多人认为在大英帝国衰落之后，殖民的历史基本就结束了。其实不然，因为美国成为金融帝国之后，开始用美元进行隐性地殖民扩张，通过美元隐蔽地控制各国经济，从而把世界各个国家变成它的金融殖民地。今天我们看到很多主权独立的国家包括中国在内，你尽可以有主权、有宪法、有政府，但是你脱离不开美元，你的一切最后都会通过各种方式用美元来表达，并最终让你的实物财富通过与美元的兑换源源不断地进入美国。

这一点，通过40年来美元指数周期图表，我们可以看得非常清楚。1971年8月15日美元跟黄金脱钩，意味着美国人摆脱了黄金的束缚，可以随意地印刷美元了，美元发行量大增，美元指数自然要走低。从1971年特别是1973年石油危机之后美元指数就一直在走低，这就说明美元印多了。如此这般大约持续了近10年时间。美元指数走低对于世界经济来讲并不完全是坏事，因为这意味着美元的供应量增大，也就意味着资本的流量增大，大量的资本不留在美国，要向国外溢出。第一次美元指数走低之后，大量美元去了拉丁美洲，给拉丁美洲带去了投资拉动，也带来了繁荣，这就是20世纪70年代拉美的经济繁荣。

拉丁美洲在1971到1980年间，获得了大量充足的资本，这时候拉美呈现了经济繁荣，拉美人完全没有意识到，美国人可以源源不断供你美元，等你经济发展得好的时候，美国政府认为他播的种子可以“收割”的话，他就会来“收割”你的“羊毛”。到1980年，美联储决定关掉“泄洪闸”，意味着流量减少，流动性减少，资金链条断裂，拉美开始呈现出金融危机的征兆。因为美国希望给你带来了金融危机之后，资本从你这里撤出，但如果没有一个统一让他们撤出的信号的话，投资人是各干各的事，这家的投资可能到期会撤出来，这一家还没有到期怎么可能撤出来呢？能让投资人统一行动的只有一个办法，就是制造地区危机。所以说当美国人需要拉美的资本从拉美撤出的时候，就是要给拉美来一次地区性危机。

美元“泄洪期”大约持续了近10年的时间，直到1979年，美国人决定关掉“泄洪闸”。美元指数走低相当于美国人开闸放水，而关闸实际上就是减少美元的流动性。1979年美元指数开始走强，意味着向其他地方输送美元减少。拉丁美洲本来因为获得了大量的美元投资，正在欣欣向荣地发展，突然间投资减少了，流动性枯竭了、资金链条断裂了，经济能不出现麻烦吗？

遇到麻烦的拉美国家纷纷开始想办法自救。比如阿根廷，它的人均 GDP 一度已经迈进了发达国家的行列。但拉美经济危机一出现，阿根廷却率先进入衰退。解决衰退的办法有多种，但不幸的是，当时的阿根廷政府是通过政变上台的军政府，总统是加尔铁里，他完全没有经济头脑。作为军人的加尔铁里唯一的想法就是战争，他希望通过战争来脱困。他把目光瞄向了离阿根廷 600 公里远的马尔维纳斯群岛，英国人把它叫作福克兰群岛。这个群岛已经被英国人统治了 100 多年，加尔铁里决定把它夺回来。但阿根廷是南美洲国家，南美一向被视作美国的后院。在美国后院打仗不能不请示美国。于是加尔铁里让人给美国总统里根带话，看看美国的态度。里根明明知道加尔铁里打这一仗，会导致一场和英国的更大规模战争，但他却轻描淡写地表态说，这是你们与英国之间的事情，与美国无关，我们不持立场，我们保持中立。加尔铁里以为这是美国总统对他的默许，便发动了马岛战争，轻松收回了马岛。阿根廷上下一片欢呼，热烈得像过狂欢节。但英国首相撒切尔夫人宣称绝不接受这个结局，还逼着美国总统必须表态。这时的里根立刻撕下中立的面具，发表声明强烈谴责阿根廷的侵略行径，坚决站在英国一边。随后，英国派出一支航母特混舰队，劳师远征 8000 海里，一举拿下了马岛。

与此同时，美元走势开始走强，国际资本按照美国的意愿回到美国。因为当马岛战争打响后，全球的投资人立刻判断，拉美的地区性危机出现了，投资环境恶化了，于是纷纷从拉美撤资。美联储看到时机已到，立刻宣布美元加息，加息后的美元加快了资本撤出拉美的步伐。拉美的经济一片狼藉。从拉美撤出的资本几乎全到了美国，去追捧美国的三大市（债市、期市、股市），给美国带来了美元与黄金脱钩后的第一个大牛市，让美国赚得钵满盆满。当时美元指数从弱势时的 60 多点一口气蹿升到 120 多点，上升了 100%。美国在自己的三大市牛市后并不收手，又趁势拿着赚到的钱，重新回到拉美去购买那些此时价格已跌成地板价的优质资产，狠狠剪了一次拉美经济的羊毛，这是美元指数第一次走强后的情况。

如果这种事情只发生一次，那它就是小概率事件；如果它反复出现，那它就一定是规律。当第一次“10 年美元走弱、6 年美元走强”之后，人们并不确定它是不是规律。从拉美金融危机这个高峰之后，美元指数从 1986 年又开始一路下跌。其间经历了日本金融危机、欧洲货币危机，美元指数仍然在走低，大约走了 10 年，10 年之后的 1997 年美元指数再一次走强。美元指数这一次走强之后也是持续了 6 年。这就很有意思了，我们看到美元指数差不多呈现出这样一个规律性——10 年的走弱、6 年的走强，再一个 10 年的走弱、接下来又一个 6 年的走强。

在 1986 年美元指数第二次开始走弱之后，长达 10 年的时间内，美元又像洪水一样向世界倾泻。这次主要的泄洪区是亚洲。20 世纪 80 年代最火的是什么概念？“亚洲四小龙”“亚洲雁阵”等等。当时很多人都认为亚洲的繁荣是由亚洲人的辛勤劳动、亚洲人的聪敏智慧带来的，实际上很大原因是因为亚洲国家获得了充足的美元、获得了充足的投资。当亚洲的经济欣欣向荣到差不多的时候，美国人觉得又应该到剪羊毛的时候了，于是，1997 年，也就是美元指数整整走低 10 年之后，美国人通过减少对亚洲的货币供应，使美元指数反转走强，亚洲大多数国家的企业和行业遭遇流通性不足，有的甚至干脆资金链条断裂，亚洲出现了经济危机和金融危机的征兆。

这时候一锅水已烧到 99 度，还差 1 度才能烧开，差哪一度呢，差地区性危机出现。那么是不是也像阿根廷人那样打一仗呢？未必。制造地区性危机，不一定只有打仗一途。既然制造地区性危机就是为了撵出资本，那么不打仗照样有制造地区性危机的办法？于是我们看到那个名叫索罗斯的金融投机家，带着他的量子基金和全世界上百家的对冲基金，开始群狼般攻击亚洲经济最弱的国家——泰国，攻击泰国的货币泰铢一个星期左右，然后由此开始的泰铢危机，立刻产生传导效应，一路向南，陆续传导到马来西亚、新加坡、印尼、菲律宾，然后北上传导中国台湾、中国香港、日本、韩国，一直传导到俄罗斯，东亚金融危机全面爆发。这个时候水已烧开。全球的投资人判断亚洲的投资环境恶化，便纷纷从亚洲撤出自己的资本。而美联储则又一次不失时机地吹响了加息的号角。跟着号音从亚洲撤出的资本又一次到美国去追捧美国的三大市，给美国带来了第二个大牛市。当美国人挣够了钱以后，仍像在拉丁美洲那样，拿着他们从亚洲金融危机赚到的大把的钱又回到了亚洲，去购买亚洲跌到地板价上的优质资产。此时亚洲经济已经被这次金融危机冲得稀里哗啦，毫无招架之功，更无还手之力。这次唯一的幸运者是中国。

（三）现在，轮到中国了

此后，如潮汐一样准确，美元指数经过 6 年的走强，到 2002 年，再一次开始走弱，然后，又是 10 年时间，到 2012 年，美国人又开始为美元指数即将由弱转强做准备。办法还是老一套：给别人制造地区性危机。于是，我们就先后看到，在中国周边陆续出现天安号事件、钓鱼岛争端、黄岩岛争端。几乎全在这一时期密集出现。但是很不巧，美国在 2008 年自己玩火玩大了，自身先遭遇了金融危机，结果使美元指数走强的时间被迫向后推延。中菲黄岩岛争端和中日钓鱼岛争端，看似和美元指数走强没有太大的关系，但是真的没有关系吗？为什么恰恰出现在美元指数第三次走弱之后的第 10 个年头？很少有人对这个问题进行过探究，但是这个问题确实值得我们深思。

如果我们承认从 1971 年美元与黄金脱钩之后，确实存在着一个美元指数周期率，那么，根据这个周期率及美国人借机剪别国羊毛的手法，我们可以断定，现在轮到中国了。为什么这么说？因为眼下中国已经成了从全球吸引和获得投资最多的国家，大量国际资本由于看好中国经济进入中国。从经济规律上讲，不能仅仅把中国看成是一个国家。一个中国的经济规模就相当于整个拉美，甚至比拉美的经济总量还要大；和东亚经济比，也可以说中国经济相当于整个东亚。而过去十年里，大量资本进入中国，使中国的经济总量，以令人垂涎的速度增长到全球第二，如此一来，美国把第三次剪羊毛的目标瞄准中国，一点不奇怪。

如果这一判断成立，那么，从 2012 年中日钓鱼岛争端、中菲黄岩岛争端之后，中国周边的事情层出不穷，一直到 2014 年中越“981”钻井平台冲突，再到后来的香港“占中”事件。这些事件还能看成是偶然事件吗？ 2014 年 5 月，我陪国防大学政委刘亚洲将军到香港去考察时，已经得知“占中”行动正在酝酿中，可能在 5 月底就会发生。但是 5 月底没有发生，6 月底没有发生，7 月还是没有发生，到了 8 月仍然没有发生。什么原因？这个酝酿的“行动”在等什么？让我们对比另一事件的时间表：美联储退出 QE 时间表。2014 年初，美国就说要退出 QE（量化宽松），4 月、5 月、6 月、7 月、8 月，一直没有退出。只要不退出 QE，就意味着美元还在超量发行，美元指数就不能走强，香港的“占中”也就一直没有出现，二者在时间表上完全重合。直到 2014 年 9 月底，美联储终于宣布美国退出 QE，美元指数开始掉头走强后，10 月初，香港“占中”爆发。其实，中日钓鱼岛、中菲黄岩岛、“981”钻井平台、香港“占中”，这四个点都是炸点，任何一个点引爆成功，都会引发地区性金融危机，也就意味着中国周边投资环境恶化，从而满足“美元指数走强时，其他地区必须相应出现地区性危机，使该地区投资环境恶化，迫使投资人大量撤出资本”这一美元获利模式的基本条件。但是对美国人来讲很不幸的是，这回它碰到的对手是中国。中国人用打太极的方式，一次次化解了周边危机，结果直到现在，美国人最希望的在 99 度水温时出现的最后 1 度，始终没能出现，水，也就一直没有烧开。

水没烧开，美联储加息的号角就迟迟不能吹响。看来，美国知道想剪中国的“羊毛”没那么容易，所以也就没打算就在一棵树上吊死。在推动香港“占中”的同时，美国多管齐下，在其他地区同时下手，在哪儿？乌克兰、欧盟与俄罗斯的接合部。亚努科维奇领导下的乌克兰，当然不是没缝的鸡蛋，所以，才会有让苍蝇下蛆的机会。但美国盯上了乌克兰并不仅仅是因为它是一只有缝的鸡蛋，而是它足以既打击亚努科维奇这个不听话的政客，又阻断欧俄走近，也能造成欧洲投资环境恶化，是一招杀三士的理想目标。于是，一场貌似乌克兰人自发的“颜色革命”爆发了，美国人的目的以出乎美国人和地球人意料的方式实现了：俄罗斯强人普京趁势借机收回了克里米亚，此举虽不在美国人计划之内，但却正好让美国人更有理由向欧盟还有日本施压，迫使他们与美国一起制裁俄罗斯，给俄罗斯甚至欧洲经济带来巨大的压力。

美国人为什么要这样做？人们往往容易从地缘政治角度，而不是从资本的角度去看这个问题。乌克兰出现危机之后，欧美与俄罗斯的关系迅速恶化，但整个西方世界一起制裁俄罗斯的结果，却直接使欧洲的投资环境恶化，导致资本从这里撤出。据有关数据显示，大约有上万亿的资本离开了欧洲。美国人的两手设计得逞了，这就是：如果不能让资本从中国撤出去追捧美国的话，那就让欧洲的资本撤出来回流美国。这第一步，以戏剧性的乌克兰变局实现了，但第二步，却未能如美国所愿。因为从欧洲撤出的资本，并没有去美国，另有数据显示，它们大部分来到了中国香港。这意味着全球投资人仍然不看好美国经济的复苏，而宁愿看好虽已处在经济下行线上，但仍保持着全球第一增长率的中国。

这是其一。其二是中国政府在 2014 年宣布了要实现“沪港通”，全球的投资人都热切地希望通过“沪港通”，在中国捞一把。过去西方资本不敢进入中国股市，很重要的一个原因，就是中国进行严格的外汇管制，宽进严出，你可以随意进来，但是你不能随意出去，所以说他们一般不敢到中国来投资中国的股市。“沪港通”之后，他们可以很轻松地在香港投资上海的股市，挣到钱后可以转身就走，于是上万亿的资本滞留在了香港。这就是 2014 年 9 月之后，也就是香港“占中”开始直到今天，“占中”势力及其幕后推手始终不肯罢休，总想卷土重来的一个很重要的原因。因为美国需要制造一次针对中国的地区性危机，让滞留香港的资本撤出中国，去追捧美国经济。

美国经济为什么这么强烈地需要并依赖国际的资本回流？原因是，从1971年8月15日美元与黄金脱钩之后，美国经济逐渐放弃实物生产，脱离开实体经济。美国人把实体经济的低端制造业、低附加值产业叫作垃圾产业或者叫作夕阳产业，逐渐向发展中国家转移，尤其是向中国转移。而美国除了留下所谓高端的产业，IBM、微软等企业外，70%左右的就业人口都陆续转向了金融和金融服务业。这时的美国已经变成了一个产业空心化国家，它已经没有多少实体经济可以为全球投资人带来丰厚的利润。在这种情况下美国不得不打开另一扇门，就是虚拟经济的大门。虚拟经济就是它的三大市。它只能通过让国际资本进入三大市的金融池子中，为自己钱生钱。然后，再拿挣到的钱去剪全世界的“羊毛”，美国现在只有这么一个活法了，或者我们称之为美国的国家生存方式。这个方式就是，美国需要大量的资本回流来支撑美国人的日常生活和美国经济，在这种情况下谁阻挡了资本回流美国，谁就是美国的敌人。我们一定要把这件事弄明白想清楚。

二、中国快速崛起动了谁的奶酪

（一）欧元的诞生为什么会招来一场战争

1999年1月1日，欧元正式诞生，三个月之后科索沃战争爆发。很多人以为科索沃战争是美国和北约联手打击米洛舍维奇政权，因为米洛舍维奇政权在科索沃地区屠杀阿族人，制造了骇人听闻的人道主义灾难。战争结束之后，这个谎言被迅速戳破，美国人承认这是中情局与西方的媒体联手做的一个局，目的是打击南联盟政权。

但是，科索沃战争真的是为了打击南联盟政权吗？欧洲人开始一边倒地认为就是这个目的，但是打完这场72天的战争之后，欧洲人才发现自己上当了，为什么？

欧元启动之初，欧洲人信心满满。他们给欧元的定价是与美元比值1∶1.07。科索沃战争爆发后，欧洲人参与北约行动，全力以赴支持美国攻打科索沃，72天的狂轰滥炸，米洛舍维奇政权垮台，南联盟屈服。可接下来一盘点，欧洲人发现不对头了，就在这72天里，欧元居然被这场战争打残了。战争结束时，欧元直线下跌30%，0.82美元兑换1欧元。这时欧洲人才恍然大悟，原来是别人把你卖了，你还在替别人数钱。这一来欧洲人才开始醒悟。这就是为什么到后来当美国要打伊拉克的时候，法国和德国这两个欧盟的轴心国家，坚决反对这场战争。

有人说，西方民主国家之间不打仗，到现在为止，西方国家之间，在二战之后确实没有直接发生过战争，但是没有发生军事战争，不等于他们之间不发生经济战争或金融战争。科索沃战争就是美国人对欧元的间接金融战争，打的是南联盟，结果疼的是欧元。因为欧元的诞生动了美元的奶酪。在欧元诞生之前全世界的流通货币是美元，美元在全球的结算率一度高达80%左右，即使到现在也在60%左右。欧元的出现立刻切走了美国的一大块奶酪。欧盟是一个27万亿美元的经济体，它的出现一下子就盖过了当时世界上最大的经济体北美自贸区（24万亿～25万亿美元规模）。作为如此大规模的经济体，欧盟当然不甘心用美元来结算它内部的贸易，于是欧洲人决定推出自己的货币——欧元。欧元的出现切走了美元三分之一的货币结算量，到现在世界上23%的贸易结算已使用的是欧元而不是美元。美国在欧洲一开始谈论欧元时对此警惕不足，到后来发现欧元一出现就对美元的霸权地位构成挑战时，已经有点来不及了。所以，美国要接受这个教训，一方面要摁住欧盟和欧元，另一方面要摁住其他的挑战者。

（二）“亚太战略再平衡”要平衡什么

中国的兴起，让我们成了新的挑战者。2012 年钓鱼岛争端、黄岩岛争端，就是美国成功打压挑战者的最新尝试。这两个发生在中国周边的地缘政治事件，虽没能造成资本从中国大量外流，但却部分达到了美国人的目标，直接导致两件事情胎死腹中。2012 年初，中日韩关于东北亚自贸区的谈判接近成功；4 月，中日货币互换和中日之间互相持有对方国债也初步达成协议。但此时，钓鱼岛争端、黄岩岛争端相继出现，一下子把东北亚自贸区谈判和中日货币互换一阵风吹跑了。几年后的现在，我们才勉强完成了中韩两国双边自贸区的谈判，这已经意义不大了，因为它和中日韩东北亚自贸区的意义完全不可同日而语，为什么这么说？因为中日韩自贸区谈判一旦成功，一定是包括中、日、韩三国以及港、澳、台地区的整个东北亚自贸区。东北亚自贸区一经形成就意味着世界规模大约 20 多万亿美元的第三大经济体出现。况且，东北亚自贸区一旦出现就不会止步，它会迅速南下与东南亚自贸区整合，形成东亚自贸区，东亚自贸区的产生意味着 30 多万亿美元规模的世界第一大经济体出现，将超越欧盟和北美。接下来我们还可以继续推想，东亚自贸区出现，依然不会止步，它会向西整合印度和南亚，然后向北整合中亚五国，再然后继续向西，整合中东部分的西亚。这样整个亚洲自贸区，规模将超过 50 万亿美元，将比欧盟和北美加起来还要大，这么庞大的一个自贸区出现，难道它会愿意用欧元或美元结算内部的贸易吗？当然不会。这就意味着亚元可能诞生。

但我认为，如果真的出现亚洲自贸区，我们只能推进人民币国际化，让人民币成为亚洲的主导货币，就像美元先成为北美的硬流通货币，再成为全世界的硬流通货币一样。人民币国际化的意义远远不止我们所说的人民币走出去，在“一带一路”中发挥作用等，它将与美元、欧元一起三分天下。中国能看到这一点，美国就看不到这一点吗？当美国宣布战略重心东移，推动日本在钓鱼岛跟中国扯皮、推动菲律宾在黄岩岛跟中国对峙的时候，如果我们还目光短浅地以为，钓鱼岛争端是日本右翼鼓动“购岛”后与中国的冲突，黄岩岛争端是菲律宾总统阿基诺昏了头找中国的麻烦，看不出这是美国的深谋远虑，是美国在阻止人民币成为美元的一个挑战者，而美国则非常清楚地知道自己在干什么，所以他们一定不能让这样的事情再次出现。因为东北亚自贸区一旦形成就会产生连锁反应，也就意味着世界货币三分天下成为现实，想一想看，手中只剩三分之一货币霸权的美元，还叫货币霸权吗？而今天一个产业空心化的美国，假如再没有了货币霸权，美国还能算世界霸主吗？想明白这点，就知道为什么今天中国遇到的所有麻烦背后，都有美国的影子。是因为美国比我们想得远，看得深，才为了防中国之“患”于未然，处处给我们制造麻烦。这也就是美国为什么要实施亚太战略再平衡的根本原因。它究竟要平衡什么？它真的要在中国与日本、中国与菲律宾，中国与其他有争端的国家之间，实现一种微妙平衡，扮演平衡者的角色吗？当然不是，它的目标就是一个，平衡掉中国今天大国崛起的势头。

三、美军为美元而战的秘密

（一）伊拉克战争与石油交易用谁的货币结算

人们都说，美国这个国家的强大，是由于有三大支柱——货币、科技、军事。实际上今天我们可以看到，真正支撑美国的是货币和军事，而支撑货币的则是美国的军事力量。全世界所有国家军队的打仗都是烧钱，美军打仗虽然也烧钱，但却能一边烧钱，一边为美国挣钱。这一点，其他国家都做不到。只有美国，可以通过打仗获得巨大的利益，尽管美国也有失手的时候。

美国为什么要打伊拉克？大部分人心里想到的是两个字——石油。美国真的是为石油而战吗？非也。美国如果为石油而战的话，那么，美国在打下伊拉克之后，为什么不从伊拉克拉走一桶石油？而且，油价从战前的 38 美元一桶，一路飙升到战后的 149 美元一桶，美国老百姓并没有因为美军占领了伊拉克这样的产油国而享受低油价。所以说，美国打伊拉克不是为了石油，而是为了美元。

为什么这么说？道理非常简单。由于为了控制世界，美国需要全世界都使用美元。为了让全世界都使用美元，美国在 1973 年下了一步高明的先手棋：让美元与石油挂钩，通过胁迫欧佩克的主导国家沙特阿拉伯，实现了全球的石油交易用美元结算。如果你理解了全球石油交易用美元结算，你就能理解美国为什么要在产油国打仗。在产油国打仗的一个直接后果就是油价飙升，油价一飙升就意味着美元的需求量也提高了。比如说战争之前，你手里有 38 美元，理论上讲，你就可以从油商手里买走一桶石油。现在这场战争把油价打高了 4 倍多，达到 149 美元，你手里的 38 美元就只够买 1/4

桶石油，剩下 3/4 桶意味着你还差 100 多美元。怎么办？你只能去找美国人，拿出自己的产品和资源去换美国人手中的美元。而这时美国政府就可以理直气壮、光明正大、名正言顺地印美元。这就是通过战争，通过在产油国打仗打高油价，打出美元需求的秘密。

我想告诉大家的是，美国在伊拉克打仗，还不只是这一个目标。它同时也是在维护美元的霸权地位。当年小布什为什么一定要打伊拉克？现在我们已经看得很清楚，萨达姆没有支持恐怖主义，没有支持基地组织，也没有大规模杀伤性武器，但为什么萨达姆却最终走上了绞刑架？因为萨达姆自以为聪明，想在大国之间玩火。1999年欧元正式启动，萨达姆以为抓住了在美元和欧元、美国和欧盟之间玩火的机会，于是他迫不及待地宣布伊拉克的石油交易将用欧元结算。这一下惹火了美国，尤其是它产生一连串的示范效应，俄罗斯总统普京，伊朗总统内贾德，委内瑞拉总统查韦斯，纷纷宣布自己国家的石油出口结算也用欧元结算。这还了得？这不是往美国人胸口捅刀子吗？所以说这场伊拉克战争非打不可，有些人认为这么说太牵强了。那么请他看一看，美国打下伊拉克之后干了些什么？还没等抓住萨达姆，美国就迫不及待地成立了伊拉克临时政府，临时政府发布的第一道法令，就是宣布伊拉克的石油出口，从欧元结算改回用美元结算。这就是为什么说美国人是在为美元作战。

（二）阿富汗战争与美国资本项目顺差

也许有人会说，伊拉克战争为美元而战可以理解，阿富汗不是产油国，那么美国大打阿富汗战争总不会是为了美元吧？何况阿富汗战争是在“9·11”事件发生之后，全世界的人都看得很清楚，美国是为了对基地组织的报复和对支持基地组织的塔利班的惩罚，才发动了阿富汗战争。但事实真的如此吗？阿富汗战争是在“9·11”事件之后一个多月打响的，应该说打得很仓促，打到一半时美军就把巡航导弹打光了，而战争还在继续，美国国防部不得不下命令打开核武器库，取出1000枚核巡航导弹，摘下核弹头，换上常规弹头，又打了900多枚才把阿富汗打下来。这明摆着证明这一场准备得非常不充分，既然如此，美国为什么还要仓促上阵呢？

因为美国已经等不及了，更因为美国人的日子过不下去了。21世纪初期，美国作为一个产业空心化的国家，每年都大约需要有7000亿美元的净流入，才能过日子。可是“9·11”事件之后一个月内，全球投资人对美国的投资环境恶化，表示出了从未有过担心和忧虑：如果强大的美国对自己的安全都不能保证，怎么能够保证投资人的资金安全？结果，3000多亿的热钱离开了美国。这就迫使美国必须尽快打一仗，这一仗不仅是要惩罚塔利班和基地组织，还要给全球投资人一个信心。随着第一枚巡航导弹在喀布尔炸响，道琼斯指数迅速回升，一天之内回升600点，流出的资本开始回流美国，到年底，大约有4000亿美元回流美国。这同样说明，阿富汗战争同样是为美元而战，是为资本而战。

（三）航母为何让位于全球快速打击系统

不少人对中国的航母充满了期待，因为他们都看到了在航母历史上的作为，也热切地盼望中国有自己的航母，而“辽宁号”的出现，也确实让我们中国赶上了航母的末班车。虽然航母在今天仍然是一个大国的标志，但是它更多的就是个标志。因为在全球经济越来越被金融化之后的今天，航母的作用将逐渐式微。因为在历史上航母是物流时代的产物。大英帝国兴盛时，要推动全球贸易，将它的产品推向全球，然后再把资源拿回来，所以它需要强大的海军保证海上通道的畅通。直到后来发展到航母的出现，都是为了控制海洋，保证海上通道的安全。因为当时是资源和产品“物流为王”的时代，谁控制了海洋，谁就能控制了全球财富的流动。但是今天世界已是“资本为王”的时代，成百亿、上千亿乃至上万亿的资本，从一个地方流到另一个地方，只要在电脑上敲几个键，几秒钟之内就能完成，在大洋上航行的航母能跟随物流的速度，却无法跟上资本流的速度，当然也就无法控制全球资本。

那么今天，有什么办法？可以跟上被互联网支持的全球资本的流向、流量和流速？美国人正在开发庞大的全球快速打击系统，用弹道导弹、超音速飞机，5 倍甚至十几倍于超音速的巡航导弹，就可以迅速打击任何资本云集的地区。现在美国号称可以 28 分钟打遍全球，不管资本在全球任何一个地方云集，只要美国不想让资本在那个地方落脚，导弹就可以在 28 分钟后赶到那里。而当导弹落下去的时候，资本就会乖乖撤出。这就是全球快速打击系统必将取代航母的原因。当然，航母在未来仍会有它不可替代的作用，诸如保障海上通道的海上安全，或者执行人道主义使命等，因为航母是非常不错的海上平台。但是作为控制未来资本流动的武器，它已经远不如全球快速打击系统。

四、“空海一体战”难解美国之困

美国人在考虑用军事手段应对中国崛起的问题上，提出了一个概念，叫作“空海一体战”。我认为“空海一体战”仍然难解美国的困局。“空海一体战”是 2010 年美空军和海军首脑联合提出的针对中国的作战概念。提出“空海一体战”，实际上首先就反映出美军今天正在走弱。美军过去以为，它用空袭可以打击中国，用海军也可以打击中国。现在美国发现自己的力量无论是空军还是海军单独使用，都不可能对中国构成优势，必须空海联合才能对中国构成一定的优势，这就是“空海一体战”的来由。但是“空海一体战”从 2010 年年初提出到现在不过 6 年多一点，突然美国给它改了个名称，叫作“全球公域介入与机动联合概念”。

在这个空海联合行动构想中，美国认为 10 年内，中美之间不会发生战争。因为美国研究中国今天的军力发展后，认为以美军现有能力，不足以确保抵消中国军队已建立的一些对美优势，如攻击航母的能力和摧毁太空系统的能力。所以，美国必须再拿出 10 年时间发展更先进的作战系统，以抵消中国的某种优势。这意味着美国人可能的战争时刻表拨到了 10 年后。虽然 10 年后战争也仍可能不会发生，但我们都必须对此做好准备。中国要想让 10 年后也不会发生战争，就需要在这 10 年内把我们自己的事情做得更好，包括军事和战争的准备。

五、“一带一路”的战略意义

让我们看看在美国受人追捧的运动，第一是篮球、第二是拳击。拳击这项运动典型地反映出了美国人崇尚实力的风格，直来直去，重拳出击，最好击倒对手获胜，一切都很明确；而中国人则相反，喜欢模糊，以柔克刚，我也不追求击倒你，但我要把你所有的动作都化解掉。中国人喜欢打太极，而太极确实是一门比拳击更高的艺术。

“一带一路”就反映了这种思路。历史上所有的大国在崛起过程中，都有围绕它的崛起展开的全球化运动。这意味着全球化不是一个从历史到今天一以贯之的过程，而是各有各的全球化。罗马帝国有罗马帝国的全球化，大秦帝国有大秦帝国的全球化。每一次全球化都是被每一个崛起的帝国推动的；每一个帝国都有与它相关的一段全球化，在它的上升期到它的鼎盛期，全球化达到一个巅峰。而这个全球化同时会被它自身的力量所限制，这就是它的能力所能达到的最大范围和它的交通工具所能到达的最远点，那也就是它全球化的终点。所以，无论是古罗马的全球化，还是大秦帝国的全球化，今天看来，都只能算是一种帝国扩张的区域化过程。真正近现代史上的全球化，是从大英帝国开始的，大英帝国的全球化是贸易的全球化。美国秉承了大英帝国的衣钵之后延续了一段贸易全球化，而真正具有美国特色的全球化，是美元的全球化，这也是我们今天正经历的全球化。但我不同意说中国今天的“一带一路”，是和全球经济一体化接轨，那等于说是要继续和美元的全球化接轨，这样的理解是不对的。作为一个崛起中的大国，“一带一路”是中国全球化的初始阶段，也就是中国的全球化。作为一个大国，在崛起过程中必须推进环绕你展开的全球化。

“一带一路”应该说是中国迄今为止能提出的最好的大国战略。因为它是跟美国战略东移的一次对冲。有些人会对此提出疑问，对冲应该是相向而行，你还能有背向而行的对冲吗？对了，“一带一路”就是中国对美国东移战略的一次背向对冲，我拿背朝向你。你不是压过来了吗？我往西走，既不是避让你，也不是畏惧你，而是非常巧妙地化解你由东向我压来的这种压力。

“一带一路”并非两线并行战略，而应有主次之分。鉴于海上力量至今是中国的短板，“一带一路”首先应该选择从陆上完成，也就是说“一路”应该是辅攻方向，而“一带”应该成为主攻方向。“一带”成为主攻方向，意味着我们必须重新认识陆军的作用。有人说中国陆军天下无敌，这话放在在中国的国土范围内说，没错，中国陆军所向无敌，谁也别想再踏上中国的领土来打大规模的仗，问题是中国陆军有远征能力吗?

我们中国的“一带一路”，恰恰是中国崛起过程中，中国的初始的全球化，是我们中国自己的全球化，但这个全球化和美国不一样。正是在这一点上，美国既看上了商机，也看到了危机，所以说美国有可能对中国进行更加严厉的打压。

我在 2014 年年底《环球时报》的年会上谈到这样一个问题，我说美国选中国作对手，打压中国，是选错了对手、选错了方向。因为未来真正对美国构成挑战的根本不是中国，是美国自己，美国将自己埋葬自己。因为它没有意识到，一个大时代正在到来，这个时代将会在把它所代表的金融资本主义推到最高阶段之际，让美国从巅峰跌落，因为一方面，美国通过虚拟经济，已经把资本主义的红利吃尽了。另一方面，美国又通过它引以为傲的领先全球的科技创新，把互联网、大数据、云计算推到了极致，而这些工具最终将成为埋葬以美国为代表的金融资本主义的最主要的推手。

互联网的创新给世界带来的首先是效益的倍增，产能工作效率都在大大提升，所以人们欢呼互联网、拥抱互联网，不遗余力让互联网普及，但互联网的另一面是去中心化，一个直接的结果就是解构权力，而霸权毫无疑问也将被互联网解构，那个时候你还不认为你的衰弱是被你自己造成的。何况随着互联网的普及，我们看到了互联网经济，互联网金融的出现，支付宝、刷卡消费、导购所有这些东西，有一样东西随着这些东西的普及，有一样东西在逐渐缺席退出，就是货币，人们不再使用货币了，即使我们说电子货币，可以用人民币计价，可以用美元计价，美国政府会越来越少印刷美元了，它的铸币税是通过发行实际的美元去征税的，将来这些东西都没有了，美国的霸权会随着这一点慢慢衰弱。

阿里巴巴在2015年“双十一”这天，其淘宝网、天猫网的网购销售额一天达到507亿人民币，而在相隔不久的感恩节三天的假期里，美国网上销售和地面上的商场销售总额才相当于407亿人民币，不及阿里巴巴一家。而中国还没有算上网易、腾讯、京东，更没有算其他商场的营业额。这意味着一个新的时代已经悄悄到来，而美国面对这个时代仍然迟钝。阿里巴巴的交易，全是用支付宝的方式完成的，支付宝意味什么？意味着货币已经退出交易舞台，而美国霸权是建立在美元基础上的。美元是什么？美元是货币。未来当我们越来越多地不再使用货币结算的时候，传统意义上的货币就将成为无用的东西。当货币成为无用的东西时，建立在货币之上的帝国还会存在吗？这才是美国要考虑的问题。

3D打印机同样也代表了未来的一个方向，将使人类社会今天的生产方式发生根本性变化。由于生产方式在改变，交易方式在改变，世界就必然要发生根本性变化，而历史证明，真正能导致社会性质发生变化的原因，就是因为这两者的质变，而不是其他因素。中国从秦末秦二世时期，开始有人造反，陈胜吴广揭竿而起，到辛亥革命，2000多年的历史上发生过多少次起义、造反、战争、革命？解决问题吗？不解决问题，一直是改朝换代，一直是低水平循环。因为这些往复式运动改变不了农耕社会的本质，既没有改变生产方式又没有改变交易方式，所以只能一直改朝换代。西方也是如此，拿破仑携法国大革命的雄风，带领一支崭新的被大革命洗礼过的军队横扫欧洲，把一顶顶王冠扫落在地，但等到滑铁卢一仗失败，拿破仑下台，欧洲的帝王们一个个复辟，立刻重回封建社会。直到英国的蒸汽机来了，工业革命来了，使人类的产能大大的提升，大量剩余产品出现，有了剩余产品才会有剩余价值，然后才会有资本，然后才会有资本家，然后资本主义社会就到来了。

那么，今天当资本有可能随着货币的消失而消失，当生产的方式也将随着 3D 打印机的出现而改变时，人类即将跨入一个新的社会门槛，这时的中国和美国站在同一条起跑线上，都站在互联网、大数据和云计算的起跑线上。那么这时我们要比的就是谁先迈入这个时代，而不是谁把谁打压下去。从这个意义上讲，美国选错了对手，美国真正的对手是他自己，是这个时代。而美国恰恰在这一点上，显示出惊人的迟钝。因为它太渴望保住自己的霸权地位，而从未想过与别的国家分享权力，共同迈过新社会时代那道今天对我们来说，还有很多未知领域和不确定性的门槛。

中国采取的是互利共赢，抛弃零和博弈的思维，为人类的发展真正提供一种方向，而且这个方向最重要的是创造一种崭新的文明，这种文明将埋葬霸权，不把赢家通吃作为目标，而是互利互惠共赢。如果中国真的创造出这样一条道路来，这就是人类未来文明的走向。

独家问答

1. 提问：美元中的“铸币税”，这个税的实际内涵是什么？从我们的经济生活中为何感觉不到这个税？

乔良：铸币税，古代发行金属货币的政府和国家，就都向使用货币的人征收铸币税。但并不是说你用了我的货币交多少税，是通过什么方式实现的呢？我们知道一枚金币的铸造要经过开采、运输、冶炼、铸造、发行，在这个过程中会产生成本，如果成本全由发行货币方承担，那他不是亏死了吗？！因此，发行货币方为了不亏，而且还要从中获利，怎么办呢？一种办法，是一枚金币上面标明 1 盎司，但不是足量的，只有 0.8 盎司，它可以有 1 盎司黄金的购买力，这 0.2 盎司缺量就是政府向你征收的铸币税。还有一种办法，你拿到 1 盎司的金币，可是你却发现它成色不足，加了其他的金属，也相当于有 1 盎司黄金的购买力，其成色不足的部分就是向你征收的铸币税。到了发行美元纸币的时候，怎么向你征税呢？这时候征税的文章就可以做得更大了。美国印出来一张 100 美元或者一张 1 美元，它的成本按现在来算 5.9 美分，印刷出来一张 100 美元，你必须先给我 100 美元的产品或者资源，我才把 100 美元给你，你拿到我刚刚印出来的美元，这张美元叫作高能货币，因为它没有使用过，它要征税，这个税叫隐性铸币税。前面说的那两种都不是隐性的，那是直接的铸币税，这个是间接的铸币税，美元印刷出来了，你把 100 美元的东西给我，我只给你 94 美元，剩下的 6 美元，全是缴税的，货币从你手里转了一圈再返回的时候，这个货币不再征税了，纸币只对应一次实物产品。此后，它就是正常的货币了，第一次是高能货币。美国发行了多少高能货币，它就从货币使用者手中征收了相应比例的铸币税。

2. 提问：美国现在有一些其他非常规的对付中国的手段，比如说“转基因战争”您怎么看？第二个问题，2008 年的时候第三轮“剪羊毛”，为什么它会失控？还有您讲的高见，美国高层有没有知道您这些观点？

乔良：您的问题太宽泛了，简单地说一下。第一个你说的基因武器，你一定更多地关注所谓转基因食品之类的。我认为还是应当从生化科学的角度去看这个问题。转基因作为一种技术，长远来看，我个人认为是必须掌握的，它对解决人类将来的疾病和生存，很可能是非常重要的科技突破。但是，眼下我却不赞同中国有关方面在没有充分进行试验并拿到确切数据的情况下，就开始进口大量美国转基因的产品，比如说转基因的大豆、玉米。这样的东西，在没有拿到试验定论的情况下，无论是让人吃了还是让牲畜吃了，最后都有可能对中国人造成伤害，所以一定要谨慎，但不能因噎废食，这个东西一定要缓步有序进行。

第二个问题，美国为什么会失控，应该是人算不如天算。美国从发行美元，到后来逐步建立起美元帝国，他以为可以完全控制整个局面。甚至对于美元在全球的发行，美国人仍认为只通过生产美元就可以从中获利，而中低端制造业转向其他国家无所谓，根本不考虑最后会造成什么后果。所以美国在推进美元的战略上，并没有进行充分的评估。结果大量的美元印出来后就会出现一个问题，美元流通越来越巨量，人类的实物 GDP 大概是每年 75 万亿美元的总量，而虚拟的美元则有上千万亿美元，在这种情况下，没有美元大量的流通就不可能对应实体经济。怎么办呢？美国不得不制造出一个虚拟经济的池子来，然后不断搞金融衍生产品，美国的次贷，次贷之后又变成了次债。次贷主要是忽悠美国人自己的，主要为了解决房地产问题，他发现把大量的次贷借给次级信用的客户，那些三无人员，没有收入、没有住址、没有工作的人，这些人根本没有偿付能力，是有风险的。为了转移风险，就把这些次贷打包成了次债卖给全世界，意味着美国人从次级贷款贷给那些没有偿还能力的人，最后变成一种可能的危机卖给全世界的投资人，也就是把美国的危机可能向全世界转移分散。最后由于资金链的断裂，美国破产一家银行没问题，问题是美国次贷危机导致美国2万家金融机构同时倒闭，哪个国家承受得起？！美国金融危机迅速爆发，而美国的次贷还不上，接着就以它的衍生品次债为导火索在全世界引爆了金融危机。本来它想通过钱生钱的方式给自己带来更大的利益，这样一个灾难是美国人始料未及的。所以我认为美国的次贷危机完全打乱了美国整体的金融战略，而且出乎它的意料。

第三个问题是美国知道不知道我的看法，我想部分会知道。这些看法，有的时候即使你说得很有道理，但它也不认同。

甲午战史和中日关系演变的回顾与反思

徐　焰

国防大学战略教研部技术二级教授，少将军衔。军事史专家，军事学硕士，博士研究生导师。国防大学军事历史学科带头人。中国军事科学学会历史分会副秘书长，曾任清华大学国际问题研究所兼职教授。曾作为高级访问学者，赴美国斯坦福大学、日本防卫大学讲学。

一、近代中国的衰落引来日本由崇华变为侵华

（一）悲情控诉不能代替理性思考

2015年，是甲午战争爆发121年，战败正好是120年，也是《马关条约》签订120周年。2015年8月份是抗日战争胜利70周年。我们应当怎样反思和纪念？

甲午耻靠抗战得以雪，民族恨却并未泯灭，战争造成的伤痛很难随时间消逝而磨灭。但是单纯的悲情控诉不行，不能仅仅止于揭露、控诉日本侵略中国的种种令人发指的暴行。德国的韦伯有一句名言：现代化是理性化，情绪化往往是浮躁化。

旧中国为什么落后挨打？关键是在明朝以后的五百年与西方国家拉大了差距。旧中国为什么挨打而未亡？刘少奇当年曾一语中的：中国幸好是被多个帝国主义国家入侵才能保持半殖民地，因为

1894年9月17日，黄海海战爆发，腐朽的清政府被日本打败。

是多个帝国主义，他们之间分赃不均，互相争斗，中国得以维持一个半殖民地地位。如果是被一个帝国主义国家侵略，早就是殖民地国家了。

国民党统治中国20多年，搞得山河破碎、民不聊生，20世纪40年代末中国工业产值在全世界占第26位，蒋介石在抗战中丢失了大半国土。在旧中国的时代重压下，先进的中国人为了救国救民，学习苏联模式，最后又冲出了苏联模式。如果中国按照西方的模式来改造行不行？也许行，但今天的中国顶多搞成印度和菲律宾那样。

我们的探索并非一帆风顺，也花费了很大力气。1921年中国共产党诞生，到现在90多年了，虽然我们党也走过很多弯路，但是毕竟取得了两项举世公认的伟大成就—— 一个是取得了中国革命的胜利，一个是取得了中国现代化建设的伟大成就。30多年前我在中国人民大学读研的时候，曾与当时国内唯一活着的中共一大代表刘仁静交谈过。他说，那个时候根本没有想到“一大”是那么重要的一次会议，1921年李大钊有事去不了，就让我和张国焘去。陈独秀也没有去。当时十几个人代表全国50多个党员开一个会议，没有想到能成这么大一个气候。他没有想到后来在毛泽东的领导下我们建成了一个社会主义新中国。现在我们国民经济总产值已经上升至世界第二位了。

现在我们又面临着新情况、新机遇、新挑战——强国梦、强军梦。习近平同志担任党的总书记四年多以来，党风、军风确实大有好转。实现中国梦是我们几代人为之奋斗的目标，这个目标在党中央领导下一定能够实现。

（二）重视地缘文化的塑造作用

人类文明可以大体分为三类：河流文明、游牧文明、海洋文明。存在决定意识，地理环境决定了人类文明的不同特点，地缘文化制约一个民族的现代化进程。河流文明崇尚和平，比较保守。游牧文明文化发展程度比较低，比较野蛮。海洋文明比较喜欢扩张，崇尚战争。最早的民主产生于海洋文明，海洋文明有殖民扩张的特点。中华文明最早是一种农耕文明，后来又掺杂了游牧文明的特点，崇尚利益、和平和集体精神，重文明教化。日本文化有海洋文明的基因，加之其地域狭小，资源有限，使之更趋向于海外掠夺扩张。自古中国便有两条不如日本：中国单一重农，日本农商并重；中国重陆轻海，日本海陆并重。

地缘文化使日本人具有"媚强凌弱"的民族心态。中国在历史上是文明古国之一，唐太宗那个时候日本是崇拜中国的。日本七世纪刚建立倭国，唐朝军队在朝鲜白江口之战中打败倭国之后，中国便成为日本的文化母国。被打败后，日本马上派遣唐使来学习。日本大力向中国学习，却有三点不学中国：日本没有科举制度，上层较务实；日本没有太监，宫廷内耗少；日本没有家产均分制，都是长子继承，所以必须自立自强。日本文化缺少仁的精神，所以日本对中国就是倚强欺弱的态度。

日本对中国的态度有几个阶段的变化，从唐朝到宋朝，仰视，觉得中国都是好的。元朝到清朝中叶，平视，有点看不起中国了，但是也不敢太傲视。甲午战争到抗战之前，是俯视。

从唐朝中叶以后，中国封建社会开始走向衰落。出身草根的朱元璋把中国封建社会带入了黑暗。元朝大军进攻日本，两次遇到台

郑和下西洋堪称人类历史上的壮举，创造了世界航海史的奇迹。

风，把舰队吹散了，日本人就说日本的军队打败了元朝的军队，日本人就骄傲起来了，说是神风助大和。后来日本认为，“崖山之后无中国，明亡之后无华夏”——汉族政权先后亡于“元”“清”蛮夷外族，华夏文明已衰落。此后，日本认为亚洲文明中心已转移至日本，自称日本为“神州”，“中心之国”在广岛。日本人后来称中国为“支那”。现在影视的一些导演，不太了解历史，剧中鬼子一口一个中国，其实那时鬼子根本不称中国，就称“支那”。

（三）因循守旧导致中华民族危亡

明朝郑和下西洋，带回来很多东西，却没有带来科技进步。日本幕府前期通过长期购买西方火枪，已经有了武器优势了。幕府前期的战争都是枪战，日本早在16世纪就已领先于中国，当年倭寇那么猖獗，武器先进是重要原因之一。戚继光抗倭，就是仿照日本的武器制造火器。

清朝打败明朝，康熙大帝统一了中国，认为他有历史贡献，但是康熙也有历史大过，他搞得中国社会这么封闭，最后火器不发展了，中国日益落后、日益封闭。结果1840年鸦片战争，跟英国没有办法打，武器装备太差了，中国国门开始被西方列强打开。那个时候中国还是浑浑噩噩，英法联军火烧圆明园后，清朝搞一点改革，慈禧太后垂帘听政，办一点洋务，但是清朝那个时候只买一点西方的洋炮，体制顽固不化，完全不改变。1870年曾国藩组织第一批幼童去西方国家留学，回来以后顶多当一个翻译师，当一个工程师，出了一个詹天佑。但是，他们根本掌握不了国家政治走向。李鸿章认为："中国文武制度事事远出西人之上，独火器落后。"他没有想到是我们的制度落后了。

中国的满洲部落制的军队，甲午战争前清朝军队90万人，20万八旗兵腐朽得几乎没有战斗力了。地方的部队也调动不起来，腐

1896年，美国华侨欢迎李鸿章。

朽不堪。只有39万可用于防御作战，也没有后备兵役制度。甲午陆战比海战更惨，当年德国首相俾斯麦在中日战争之前就预言：“中国和日本的战争，日本必胜、中国必败。”中国人在欧洲只问舰船的性能如何，价格如何，而实际上中日间的巨大差距不在武器装备方面，而是在思想和制度方面。

（四）日本“脱亚入欧”的战略选择

日本的国门这个时候也被打开，1853年美国舰队入侵日本。美国舰队登陆日本以后，日本人不抵抗，打开国门请美国进来，美国登陆的地方，日本还树一个大纪念碑，他认为美国入侵是好事，我们是不可能在虎门建一个此类纪念碑的。美国进来以后日本赶快学习美国，那个时候日本也已成为半殖民地社会。

在中国的上层仍然徘徊于陈腐不堪的旧观念难以自拔之时，日本封建阶级上层开始走向资本主义化。日本近代化以后，福泽谕吉，他的理念是“脱亚入欧”，后来我们称日本是香蕉帝国主义——皮是黄的，心是白的。福泽谕吉访美后大力主张日本应该放弃东方传统观念并与亚洲决裂，吸收西洋优胜劣汰的思想。日本从西方并未学到人道主义，引进的是弱肉强食的殖民观念，再同传统的野蛮武士道精神结合，最后形成了一个狂热邪教式的侵略观念。

至今日本人还是继承福泽谕吉的观念，现在日本认为自己是西方国家。日本搞了明治维新以后，比中国发展快多了。日本首都比中国首都通火车早25年，日本第一座近代大学比中国早25年，日本废除银两实行新货币制度比中国早65年。日本明治维新的发展有一个有利条件——日本的近代化得到美英的帮助。当时美国英国扶持日本，日本发展起来以后可以帮助美英抑制俄国。中国搞近代

明治维新后，日本社会风气为之一变。图为明治维新后日本城市街景模型。

化，美国英国都不可能扶持，因为中国的壮大对美国英国的殖民统治不利。

甲午战争之前日本的青壮年男性已经完成扫盲，全部男童和半数女童已经接受了全国普及小学教育，这就是普及文化。日本在1872 年建第一所大学，中国 1898 年建第一所大学——京师大学堂，现在的北京大学。

张之洞作的《自强军歌》称赞日本“三岛国、雄东方，一国三万小学堂”。日本已经完成扫盲了，一个有文化的国家、有文化的军队和一个文盲充斥的国家和军队较量，谁胜谁负一目了然。

（五）军国主义的温床孕育战争

日本千年农奴制的基础奠定了武士道精神；日本是单一大和民族，历史上屡屡剑指外族；明治维新后国家体制进一步向准战争体制转型——军国主义于精神与物质两个领域深蕴战争。

日本军人服役期只有一年，中日战争爆发以前一直是一年。一年之后马上转入预备役。日本一年的服役期内要打 60 个射击练习，新兵从入伍到服役期结束，要打 1800 发子弹。他们的训练非常严酷。一年之后转入预备役，马上其他人来训练，日本养太多兵养不起，养兵少，但是预备役很厉害。战争前日本的军队只有七到八万人，但是开战之后两个星期就可以三倍扩充。

日本为什么选 1894 年开战？三个原因：第一，日本国内经济危机到来；第二，海军装备已经超过中国；第三，俄国西伯利亚大铁路已经开建。西伯利亚大铁路开建之前，俄国远东只能维持 5 万人的军队，西伯利亚大铁路开通以后，俄国远东的驻军可以超过 15 万。所以在西伯利亚铁路开通之前，日本第一仗要打败中国，第二仗要打败俄国。后来苏联也是，支持中国，牵制日本，这也是地缘战略决定的。

二、甲午之败说明落后加腐败必然挨打

（一）被“架空”的“天朝”

甲午战争的情况大家都清楚，打了 8 个月，日本的战略是海陆协同进攻，清朝要求陆攻海守，陆军攻不动，海军守不住。而且清朝的指挥系统非常困难，帝党、后党没有统帅部。再加上清王朝，太平天国以后已经被架空了，各地的督抚、军阀主政，当时北洋海军、南洋海军、广东海军，北洋海军危险的时候，南洋和广东海军根本不支持。“广丙号”的人跟日本人讲，我不是北洋海军的，北

洋海军跟你们开战了，我跟你们没有开战。作壁上观，后来被世界传为笑话。当年南洋海军还有一点巡洋舰，你拦截日本的一艘船也可以，根本没有任何出动，作壁上观。

甲午战争中一艘清朝军舰被击沉图景。

洋务运动最大的项目是海军，4000万两白银，战略上有巨大差距，海军作为一种高度的机动力量，它的任务是争夺制海权，或者是破坏对方的制海权。清朝对海军的要求是守口，守在海口边上，守在港口里面最后被人家歼灭了。这就是农耕社会的保守观念在海战上的体现。

所以甲午战争一开始，日本军队马上建立大本营，陆军有8万人，一两个月扩到24万。17万人被运到中国和朝鲜战场，商船大量转为军用。日本和平时期注重备战，具有高效动员机制，战时便有重大作用，日本人有一种军国主义的狂热。日本的军歌题目就让人毛骨悚然："乞战死。"乞求战死，然后可以进靖国神社。甲午战争开始，清朝募了30万人，募的大部分是乞丐、无赖，领了钱以后一上战场就跑。中国过去是"好铁不打钉，好男不当兵"。这些人上阵之后大部分是一哄而散。冯玉祥当年是一个小兵，甲午战争的时候他的部队往大沽口调动，那个时候军队根本没有保家卫国的意识，就是当兵吃粮，他的部队奉调到大沽口抵御日军的时候，男女老幼奇哭怪号，声震云霄，不知道的人还以为是谁家出殡。国家观念、民族意识在他们是淡薄到等于没有。

（二）枯树难接新枝

清朝有一些武器虽然是先进的，买的德国、美国的炮，但是杂七杂八，这个军阀买一点，那个军阀买一点，子弹都配不到一块去。日本是全部统一制式装备，是标准化、统配划一的，弹药能够保证供应。日本军队学普鲁士军，此时日军已是多兵种的合成军。清朝还是单一营制。排成一个队形，人家一炮就轰散了。最后统计让人目瞪口呆。日本陆军一次攻击击溃当面清军，平均每个战斗兵在战争中只发射子弹 20 发，就将清军打成这个样子。

平壤会战两军一接触，清军一触即溃。清朝海军军舰总吨位达 8 万吨，但只有北洋海军 4 万吨参战，虽然火炮口径大，但是射速慢。日本火炮集中使用，反而效果好，日本的主力舰艇是当时世界上航速最快的军舰，比清朝北洋军舰航速要快。

北洋海军的舰队口令是用英语，虽然能掌握武器装备，但是体制糟糕，枯树上不能嫁接新枝，引进外来武器必须要引进先进的管理技术。下的命令也是外行的命令，威海一战，既让“定远号”保船，又让突围，日本舰队堵在门口，你要保船怎么突围？突围就不能保船了，只能拼命跟人家打。丁汝昌没有办法，最后自杀了。许多清军官兵投降了。我们过去写北洋海军一小撮败类向日军投降，但是我们要实事求是地讲，英勇抵抗的是一小部分，如果是大多数英勇不屈，投降不了，恰恰是一部分人最后英勇殉国。还有军队作风败坏，战时肯定是一塌糊涂。虽然在威海卫大败，中国人口多、地域大，你要坚持持久抗战，当年有持久战的精神，日本也拖不起。但是清朝害怕，日本威胁说你再不签协定我要进攻北京了，慈禧太后舍不得北京，光绪皇帝有一段时间讲迁都西安，继续抗战，八旗子弟舍不得离开北京，赶快签《马关条约》屈辱求和。大败于日本的关键是体制较量的失败。

甲午之败不是军舰买少了，是腐朽的制度造成的。当年中国的洋务运动对西方只学到皮毛，封建思想和政治制度不改变，怎么能打胜仗？四个现代化还得加一个现代化，思想理念现代化，它比装备现代化更重要。现在我们看，甲午战争是近代中国对外战争中武器差距最小的一仗，却败得最惨；抗美援朝是武器差距最大的一仗，但是战果却最辉煌，说明了先进的军事思想比武器更重要。先进阶级、先进政党的领导，这确实更重要。

（三）“台独”的历史源头

“台独”思想的出现就是在《马关条约》日本割据台湾之后，台湾在日据时期建设确实挺繁荣，在亚洲是仅次于日本本土，经济最繁荣的地区。日据时期年人均国民收入，台湾 80 美元，大陆 18 美元。日本统治台湾地区 50 年，当时台湾地区老百姓都穿日本服装，都用日文，台湾实行“脱华入日”。李登辉当年是第一步改名，第二步改姓，开始叫李登三郎，后来改成了岩里政男。他退休之后还给日本做广告。但这不是一个人的问题，2014 年我去了一趟台湾，发现台湾亲日情绪非常强，“台独”分子的思想基础恰恰来自于日本甲午战争之后 50 年的统治，即台湾发展的黄金时期。现在台湾岛内一所抗战纪念馆都没有，相反神社倒是有一些。

三、变革、抗日促进了中国社会进步，并取得战胜国地位

（一）历经失败坚定变革决心

甲午战争失败之后，中国人从失败中深切感受到了变革的重要性。甲午战败三年之后，清朝开始戊戌变法，是光绪皇帝支持康有为、梁启超搞的。梁启超当年有一句名言："吾国四千余年大梦之唤醒，实自甲午战败割台湾偿二百兆以后始也。"从此中国认识到自己真是应该变革。现在有一种说法，说国民党 20 世纪 30 年代黄金十年，搞了一点点小建设算什么?! 恰恰日本侵华刺激了中国近代化。

近代中国人要振兴中华，需要解决内外向背的难题，既要驱逐侵略势力于国外，又要引入外国先进的理念于国中。中国人对日本的观念充满了复杂的矛盾：既是老师，又是学生；既憎恶、又羡慕；既排斥，又想亲近。康有为、梁启超主持的戊戌变法就是以日本为师，接着中国掀起了留学的浪潮，就是近十万中国学子涌入到日本留学。近现代的中国一直以日本为自身崛起的坐标。邓小平倡导的改革开放，就是以日本为榜样。从自己的影子上最容易看出自己身材的缺陷，鲁迅、孙中山、毛泽东、邓小平，都是对照日本看到了中国应该奋斗的方向。

近代中国学西方的捷径是学日本。黄兴、秋瑾、汪精卫、胡汉民、蒋介石都是留学日本的。蒋介石是日本预科士官学校的学生，然后到日本军队中实习一年，后来辛亥革命爆发了，蒋介石没有入

士官学校，就跑回来了。其实日本的士官跟我们中国的士官不一样，日本的士官是预备军官，中国的士官对日本来讲是下士官，所以日本的士官学校准确的翻译应该是日本预备军官学校。

南陈北李，陈独秀、李大钊都曾经赴日本留学，中国近代有几个懂德文的？《共产党宣言》都是从日本翻译过来的，但是翻译得有点不准确。

《共产党宣言》书影。

清廷实行新政以后，在军事制度上面全面模仿日本。近代中国洋务运动，开始翻译西方的书籍，英文和法文很难翻译成中文，20 世纪 80 年代统计，近代汉语从英语中引进的词语才 70 多个，雷达、卡车、加农炮、坦克。法文中引进约 10 个，俄文中引进 2 个。日文中引进的多了，至少有 800 到 1000，中国的政治、军事、经济词语大量来自于日本。近代中国真是在文化上努力学日本。

（二）日本鲸吞中国的野心恶性膨胀

甲午战争之后，日本的野心越来越膨胀，英国、美国支持日本对俄罗斯开战，日本打俄国的时候依附于英美，他后来打英美的时候依附于德国。这是日本外交的一个政策。日本 1905 年打败了俄国，它打败中国成为亚洲强国，打败俄国成为世界列强之一，更欺负中国了。近代中国学习日本，日本为什么对外掠夺特别野蛮？因为资本主义发展原始积累，英国美国是靠市场经济，日本就是靠掠夺，因为它的市场很狭小，日本的产品一开始净是假冒伪劣，因而特别具有侵略性，靠赤裸裸的强盗行径发财。

近代中国到日本留学的人特别多，去了之后发现，日本的小孩都敢欺负你。中国当时有一句话：留日的抗日。就是说到日本留学回来的最后都成了抗日的先锋。

日本后来发动大规模侵华战争，有一个历史条件、国际背景，即一次世界大战结束种下了第二次世界大战的种子，战败的德国要复仇，德国的上层社会也对战胜国不满意，由此德国的法西斯思想得以滋生蔓延。希特勒本身就是一个街头流氓，他能够上台是德国军官团大力支持的结果。二战之后，西方国家为了反苏，把德国军官团洗白了，实际上二战时纳粹之所以犯下令人发指的战争罪行，德国军官团应对国家的法西斯化负有很大的责任，但西方国家只讲纳粹的罪责。

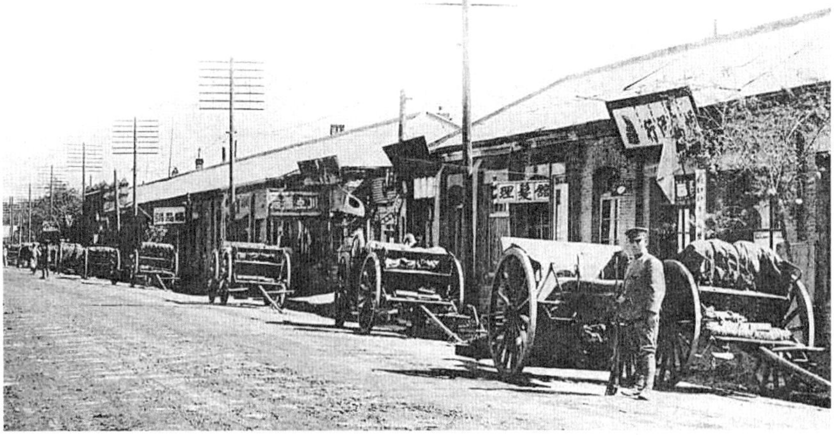

“九·一八”事变后，日军侵占中国东北。

日本由对中国的蚕食变成鲸吞了。昭和时代以后，日本取消一些政党，过去除了共产党之外，还可以自由成立政党。其时禁止任何言论，警察特高科，要检查居民的信件。日本的自由民主也没有了，日本也进入法西斯化。国民党军阀从来是分裂割据的。日本利用孙中山早期“驱除鞑虏”的认知弱点，中华民国成立以后，日本人不承认中华民国这个词，它讲“支那”，“支那”是指关内 18 省，汉人被称为“支那人”，东北人被称为满洲人。当年他扶植溥仪建立满洲国，五色国旗，说明满洲人由五种人组成，日本、朝鲜、满洲、蒙古、汉人。当年义勇军起来抵抗，义勇军打了一年多，因为组织非常混乱，不堪一击。只有中国共产党领导的抗日联军坚持作战十几年，在深山老林之间，那也是中国抗日史上最艰苦的篇章。最后一千多人退到苏联；其中一个由三百多人（包括金日成）组成的旅，由周保中担任旅长。

“九·一八”事变日军 4 万人击溃了 30 万国民党军队，直逼北平城下，国民党又签订了屈辱的协定。最后发生了西安事变，西安事变也不是张学良、杨虎城一时的冲动，那是全国民众的呼声，你不能再打内战了。最后蒋介石同意停止内战。1937 年日本大举发动进攻。日本当时称之为“支那事变”，这是“惩罚支那反日”。但是对中国来讲，实际上是进入全面战争。美国当年的广告也都承认：中国第一个投入战斗。中国在反法西斯战争中，是第一个全面投入战争的国家。在西方第一个投入战争的国家是埃塞俄比亚。意大利进攻埃塞俄比亚，1936 年埃塞俄比亚全国参战。现在中国纪念抗战，全世界重视，因为你强。现在埃塞俄比亚抗击意大利，谁还纪念？真是国家的强盛，纪念战争才有意义。国家不强盛，纪念活动都搞不起来。

（三）科学评价正面战场和敌后战场

中国的抗战怎么算？过去讲八年抗战，其实主要是指全面抗战，此前“九·一八”事变后就打起来了，现在我们通常讲，整个抗战应该是14年。在“七七”事变之前是局部抗战，“七七”事变之后是全面抗战。卢沟桥事变之后，蒋介石在上海主动进攻日军，说明他当年还有一点抗战的决心。但是他的动机是什么？蒋介石和李宗仁都讲过，上海是英美利益的聚集之地，蒋介石在此地发起进攻，就是希望借机把英国和美国拉下水，使之参战，以减轻中国压力。现在有人动不动就讲国民党在正面战场22次大会战，但除了反攻缅甸那次是主动进攻外，剩下都是消极防御。国民党没打过几次胜仗，而是把大半个中国都丢了。

20世纪90年代起，宣传国民党正面抗战的文艺作品越来越多。现在很多年轻人辨别是非的能力弱，主次不分，政治概念不清。1995年纪念抗战50周年的时候，是以共产党领导的敌后抗战为主；2005年就只强调两个战场都是反法西斯抗战的一部分；而现在宣传国民党抗战的神剧满天飞。国民党政权抗战我们可以肯定，但也必须认清国民党政权是一个腐败无能和反动的政权。国民党的当权者是腐败无能的。抗战中国民党最大的弊端，只知搜刮，不改善民生，四大家族发国难财，丧失民心。现在有些人以纪念抗战为名，给蒋介石等反动势力歌功颂德。这是反动势力舆论攻势的一部分。尤其在网站上这个势力很大，一讲就是蒋介石抗战有功，一讲就是张灵甫、汤恩伯是抗战名将，他们的目的很明确，指责中国革命打倒的都是好人，否定中国共产党夺取政权的合法性，从而否定现在中国共产党领导的正确性。

2016年4月14日台军发言人罗绍和又称希望大陆抗战老兵参加台湾的纪念活动，以“回归正统”。抗战中出现了大批的伪军现象，溥仪、内蒙古的德王、国民党副总裁汪精卫等都投靠了日本。汪精卫不是一个人投靠，他率领国民党中央委员二十多人，将军五十多人，几十万军队投降日本，这不是一个个人品质问题，有深刻的社会原因，说明当年中国最黑暗、最腐朽的反动势力，对抗战丧失信心了，干脆投降日本，这是一个值得关注和研究的社会现象。

（四）世界反法西斯统一战线的建立是重要转折点

日本当年占了半个中国，还要建所谓“大东亚共荣圈”，肯定要跟美国发生冲突，而且当时日本跟德国、意大利勾结起来，共同发动世界大战。现在看如果德意日法西斯取得胜利，世界肯定陷入一个恐怖的时代。当时中国、美国、英国、苏联等结成了共同联盟，共同对付法西斯，国际反法西斯统一战线在这个基础上得以建立。

日本奇袭美国珍珠港，战术上是成功的，战略上是最愚蠢的。日本的民族岛民心态是最严重的，日本的花道、茶道、半导体搞得非常好，战略思维非常偏激、狭小。从二次大战主要的内容看，德意日法西斯对外侵略激发了世界进步力量进行的反法西斯战争。中国人民抗战担负了反法西斯抗战的主战场，从1931到1941年，它是唯一的战场，当时日本就对中国单独作战，中国抗战是国际反法西斯战争东方主战场，这在1941年以前是毫无问题的。由于中国当年的地理位置非常重要，1943年罗斯福和斯大林、丘吉尔同意把中国列为反法西斯战争四强之一。中国近代哪享受过这种待遇？这不是美国的恩赐，真是中国用鲜血换来的。但是中国虽然由于贡献被拉进大国的圈子，但是当时不具备大国的实力，其他盟国没有平等地对待中国，因为中国力量太弱。毛主席1956年中共八大在会见南共联盟代表的时候说，第二次世界大战中我们是一个支队，不是主力军。日本战时死的军人213万人，大部分死在跟美军作战中。

（五）正确解读中国抗战胜利的历史背景

美国派航空队来华抗战，国家之间没有白援助的，都是为了自己的利益，美国太平洋战争期间，日本的“支那”派遣军，日本还有陆军三分之一在中国战场，美国希望中国牵制日本，美国也是为了自己的利益。当时几万美军支援中国，国民党接受美国支援，沦为了美国的附庸。陈纳德援助中国，他是有条件的，抗战胜利之后，中国的中央航空公司、中国航空公司的股份都是陈纳德控制，他要赚钱的。

抗战末期，国民党战场又出现豫湘桂溃败，日本都是强弩之末了，它打起国民党还是打得一塌糊涂。1944年日军出动51万人，再向中国战场发动进攻，国民党200万军队，损失70万，丢失600万人口地区，重庆震动。国民党有一段时间想迁都西昌。

1944年末至1945年初美国担心中国战场可能出现崩溃，急于要求苏联参加对日作战，不惜拿中国主权做交易，《雅尔塔协定》规定外蒙古维持现状，恢复沙皇俄国在东北的特权，四强中的三强把中国作为交易对象，就是因为中国的力量太弱了。美国对日本在战争末期也做了一点让步，原来美国要求日本无条件投降，最后美国答应保留天皇制。苏联那个时候看日本不行了，1945年5月份根据《雅尔塔协定》出兵东北。我们看苏联出兵有两重性，一方面

1945 年 2 月，雅尔塔会议在克里木半岛的雅尔塔召开，丘吉尔、罗斯福、斯大林出席，该会议主要内容为制定战后世界新秩序和列强利益分配。

促进了中国的抗战，另一方面也有大国沙文主义的特点，但是主流还是帮助了中国的抗战。另外美国给日本扔了两个原子弹，怎么看美国的原子弹？我们中国人不能赞成这个事，中国政府和中国共产党的观点一直是反对使用核武器的。美国的爱因斯坦和当年发明原子弹的人都反对，说这个事罪恶滔天。但是我们客观地讲，它对结束战争有一定的作用。

2000 年日本广岛的纪念馆馆长声泪俱下地跟我们说，当年我们被炸得很惨。我们说你是受害者，同时你们也加害了别人。

当年中国抗战在相持阶段，苏联出兵、美国扔原子弹，日本人投降了，中国抗战的胜利是在世界反法西斯抗战胜利大背景下取得的。二战结束的时候，国内战场上日强中弱的局势并没有改变，日本根本不承认输给你，我们有时候问为什么战后不向日本要赔款。怎么要赔款？日本不承认输给你了。美、蒋命令侵华日军只向他们

1945 年 8 月 6 日，美军在日本广岛和长崎投下原子弹。图为原子弹爆炸后的情景。

投降，让日本军队继续同共产党军队作战，等到国民党军赶到之后，再向他们投降。

四、抗日战争促进了中国革命胜利和中华民族复兴

（一）抗日战争的两大目标

抗日战争最伟大的成果，还是体现在为新中国的建立积蓄了巨大力量，四年之后新中国得以诞生。抗日战争虽然消除了中国的亡国危机，但是并没有迎来国家的强盛，中国也没有真正摆脱半殖民地半封建社会的地位。

从中国近代历史的宏观角度看，从中国革命史的宏观角度看，抗日战争是其中一部分。新中国成立之前，以毛泽东为代表的中国共产党人进行了 28 年的革命斗争，解决了建立党和土地革命的问题，

抗日战争是中国革命力量发展的重要时期，利用抗战的大好机会，大力发展革命力量，解放战争是与反革命的总决战，最后取得了全胜。

抗日战争有两个目的，毛主席当时讲得很清楚：驱逐日本帝国主义、建立自由平等的新中国。抗战一开始就强调，抗日战争是两个革命的结合，民族革命和民主革命。民族革命是反对日本帝国主义，民主革命是发展中国革命力量。抗战胜利以后建立新中国，中国不能再回到过去的老路上。蒋介石从来不真心搞国共合作，他还是把共产党当作最大的潜在对手。

为了结成最广泛的抗日统一战线，共产党在抗战中，不能再打土豪分田地了，要减租减息。让老百姓当兵，得给老百姓利益，旧中国农民交租子的量是50%，共产党来了以后，减掉25%，负担减轻了一半。减租减息，是抗战时期重要的土地革命特殊形式，是社会进步、生产力解放的重要动力，是引领人民群众投身抗日战争的重要经济因素之一。现在我们进行抗战教育，存在一个最大的弊端，只单纯进行民族教育，不讲民族内部的进步和反动，造成很多人认识狭偏。抗战史教育应该用两把尺子，一把尺子看是不是打鬼子，另外一把看是不是推动了社会的进步。

（二）发挥优势挺进敌后

全面抗战开始之后，蒋介石把共产党推上第一线，企图借日本人之手消灭之。毛泽东当年伟大之处在于，跟南京政府讲清楚，我只能服从战略配合，不能服从战役、战术指挥。你在正面打，我在敌后打，至于怎么打你管不着，完全独立自主，蒋介石也同意了。首战平型关消灭日军一千人，国民党也不嘉奖你。从当时的条件来看，只能打游击，当年我们的指挥员都懂，打一仗之后，这一仗缴获 200 发子弹，消耗 100 发子弹，这个仗能打，因为武器弹药是取之于敌的，没有兵工厂，靠战场缴获。

共产党当年的高明之处，挺进日军占领区的后方，建立广大的根据地，到敌人后方去是唯一正确的发展方向。国民党也不是不想到日军后方去，当年看八路军在日军后面建这么大的基地，他们也奇怪，后来国民党向共产党学习怎么到敌后建基地。国民党一听，让连长和士兵吃一样的伙食都办不到，怎么跟老百姓吃一样的伙食？他们办不到，经验学不了。

抗战敌后战场，主要是非正规作战，正规战你打不过人家。非正规战，即游击队、持久战。当时供应非常困难，毛泽东主席号召自己动手丰衣足食，苏联不给你援助，国民党不给你发军饷，只能自力更生，能自力更生才能独立自主。1945 年日本投降，敌后根据地人口由 150 万人，发展到一亿三千万人，这就为中国革命力量同反革命力量总决战准备了雄厚的力量，也准备了广阔的战场。假

八路军挺进敌后抗日根据地，在敌后战场坚持斗争。

如说日本不占领大半个中国，中国人不会觉醒起来，马克思也讲，帝国主义的入侵是一个不自觉的工具，他的目的是侵略，但是客观上促进了你的觉醒和进步。日本侵华造成了中国的灾难，同时也促进了中国的觉醒和进步。

五、着眼我国发展的战略全局处理中日关系

（一）战后两大阵营的对垒

当年日本投降，投降书的概念被美国偷换了，按照《开罗宣言》《波茨坦宣言》的决定是日本投降，但是签的时候把日本投降变成了日本统帅部指挥下的武装力量投降，日本投降和日军投降，看起来是一字之差，其实相差很大，光是军队投降，它的国家还保留下来了。德国为什么无条件投降？首都柏林被攻克了，它的国家被占领了。日本投降实际上是有条件的，要求保留天皇制，不追究皇族的战争责任。美国为减少伤亡同意了。当年的地图，原计划各盟国分区占领日本，北边是苏联占领，中间是美国占领，西边是英国占领，给中国一个岛——四国岛，由中华民国占领。

美国一看由于苏联插手德国分裂了，日本不能再分裂了，最后他自己单独占领日本，因为他有原子弹了，苏联不敢跟他争了。天皇是陆海军最高统帅，东条英机是一个臣仆，招之即来挥之即去。保留天皇制最后变成了包庇战犯。按照很多人的意见，天皇可以不追究，这有助于稳定日本，但要找一个没有战争责任的皇族接替裕仁。最后东京审判，严惩东条英机是对的，但是皇族不审判，日本的财团也不审判，真正发动战争的基础是日本那些大财团，就审判

1945年9月2日，在“密苏里”号军舰上举行了日本投降签字仪式。前排右立者为日军参谋总长梅津治郎。

那些军人，军人只是打手。有些人把东条英机和希特勒、墨索里尼当作三大元凶了，其实东条英机算什么？天皇才是最大的战犯。美国姑息日本的根本原因，在于将日本拉入自己阵营，以对抗苏联及社会主义阵营。

美国占领日本之后，马上征服了日本，1993年我在日本的时候，日本老一代人跟我讲，美国军队一上岸，光士兵的饭盒就把日本震住了。日本兵野战的时候他们饭盒从兜里拿出来以后，用柴火一烧，带一点饭团子和野菜一搅，又有饭又有菜，日军不允许喝凉水，大锅烧开水，这样出去野战维持几天，那觉得很先进。一看中国军队，每个人拿个竹筒当水壶，一看根本不像个军队。美国的饭盒又跟日本的不同了，一次性使用，铝制的，里面有三明治，还有香烟、火柴，吃完以后都扔了，日本人一看太先进了。美国从精神和物质两个层面征服了日本。当年美国占领日本以后，也对日本进行了改造。1945 年占领及 1947 年制定《和平宪法》，规定日本放弃国家交战权，放弃军队。日本的《和平宪法》等于规定日本受美国的保护。今天这个宪法还在，但是现在它的自卫队已经变成军队。战后由于日本得到美国的帮助，恢复得很快。日本的国民总收入在 1950 年以后的 18 年增长了 17 倍，曾创造了世界经济增长的奇迹。1950 年东京塔 300 多米，标志着战后恢复结束。1964 年新干线开通，标志日本进入发达国家之列。由此日本成为冷战时期，以美国为首的资本主义阵营对抗以苏联为首的社会主义阵营的骨干。

（二）团结左派，以民促官

当年中国应当怎么对待战后日本？ 1945 年在延安召开七大的时候，野坂参三讲话《打倒天皇制，建设和平民主的新日本》。毛主席说打倒天皇制他办不到，因为日本人把天皇当神。

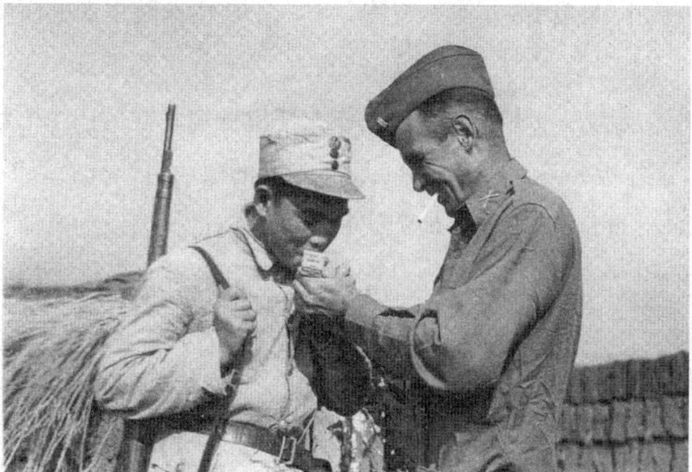

1945 年 4 月 3 日，云南昆明，美军一级上尉道格拉斯 · A. 马尔科姆（Douglas A. Malcolm）给中国战友点烟。马尔科姆是中国第 71 军的美军联络组组长。

1958 年，中国人民志愿军凯旋，金日成首相为归国志愿军举行盛大宴会 。

解放军第四野战军有八千多日本人，我们医院里面的医生、护士大部分都是日本人，搞军舰修理的，大部分也都是日本人。我问四野的老同志，日本人表现怎么样？他说一句话概括：个个都像白求恩，工作极端热忱、极端负责。日本人的敬业精神真的值得称赞。这些人 20 世纪 50 年代让他们回日本去，期待他们发动革命，那根本不可能，他们回去受歧视，在日本是被边缘化的，基本没有社会影响力。

抗美援朝打出了中国的军威、国威，日本人开始真正尊重中国，原来称中国是“支那人”，抗美援朝之后称中国是中国人。日本人刚刚在二战中被美国打得满地找牙，抗美援朝中国却把美国人打败了，日本人从心底佩服。

新中国成立后从我们国家全局出发，20 世纪 50 年代初毛主席确定美国是我们主要对手，苏联是盟友，日本和印度是我们应该争取他们中立的对象。90年代以后，我们的战略又回到了毛主席当年的战略。

50年代到60年代我们对日本政策是团结左派、争取中派、打击右派，并利用日美矛盾，用以民促官的方法发展对日关系。那些日本战犯在新中国被改造之后，确实表现不错，那些日本战犯遣返的时候，坐船到日本港口，下船的时候，当年那些战友们唱着《大东亚进行曲》到码头上迎接他们，而这些曾经的战犯下船时却唱着《东方红》。化消极因素为积极因素，有些年轻人不理解，为什么不把这些战犯杀了，杀了有什么用？这些曾经的战犯回到日本后，成为主张对华友好的重要力量。

毛泽东主席强调要首先把我们自己的事情做好。我国“两弹”事业上实现跨越式发展，对美日起到了重大战略威慑。我们“两弹”成功之后日本最害怕，他们觉得要再跟着美国跑就会成为牺牲品了。毛泽东主席1955年说，搞出“两弹”是决定命运的事。

（三）“一条线战略”拉近了中日关系

到了“文化大革命”，中苏发生冲突了，毛泽东主席开始跟美日右派打交道，改善中美和中日关系。尼克松访华，田中角荣访华了，这是以民间外交促进官方外交的重大胜利。中日外交正常化的时候两个问题都没有彻底解决，一个是历史问题，一个是台湾问题，我们要求日本政府承认侵略中国，田中角荣说我承认之后，我回国国会通不过。后来达成这样一个协议，日本政府对于战争给中国人民造成的严重损害表示深刻的反省，谁发动战争无从告示，侵略这个词到1995年日本首相村山富市才承认。在台湾问题上，日本坚持1945年的表述“放弃对台湾的统治”，后来经过我们力争，在建交公报上表述为：“中华人民共和国声明台湾是中国领土不可分割的一部分，日本政府表示理解。”也只是表示理解。

1978年邓小平访问日本，他有两个最大的感慨：我现在知道什么是现代化了。当时邓小平到日产一参观，日产三万名职工，年产汽车三百万辆，我们长春汽车制造厂，十几万工人，年产汽车十几万辆。邓小平坐日本新干线的时候，那是世界上第一条，坐上之后记者问什么感受？邓小平说我觉得一条鞭子在抽我，真的觉得中国要赶快向前发展。当时是运用毛泽东主席的“一条线战略”，改善与日本的关系。日本人觉得你很穷，需要帮助你，当时我们改革开放所需要的资金、技术和管理经验都是来自于日本，并得到日本300亿美元的贷款。我们家那个时候用的电视机、电冰箱、照相机全是日本的。我那个时候感慨：日本鬼子真可恨，日本产品真可爱。改革开放三十年中国抓住宝贵的战略机遇期，现在我们GDP从2700亿美元增长到10.2万亿美元，国力增强了。

（四）冷战结束后中日关系发生重大变化

冷战结束后，随着苏联解体，中国快速崛起，世界范围的结构性矛盾，对中美、中日关系产生重大影响。20世纪90年代中日关系有一段时间还可以。1995年以后就不行了，村山富市是第一个承认日本侵略中国的首相，但是第二年下台。桥本龙太郎上台后，他是右翼，进入政冷期。一直到日本的鸠山，主张日本融入亚洲，建立中日韩的共同体。

1996年日本安保条约新主张，主要针对中国，为什么出现这个问题？日本泡沫经济的破灭，美国和日本合作对付中国，这是美国在中国和日本之间故意制造一个切口。二战以后美国把太平洋看成美国湖，试图依托第一、第二岛链堵住中国，日本为了获得美国支持，加强对中国的遏制。日本是美国的附庸，具有较强的军事潜力。日本有两项世界最强的，一个是反潜，一个是扫雷，美国交给它的主要任务是仗打起来，把俄罗斯和中国的潜艇堵在外面。日本核电站规模居世界第三位，储备几百吨非武器级核原料。日本火箭能够将10吨重的人造卫星送入轨道。日本右翼流行喊的口号是“打倒中华帝国主义”。这也不容易，能被日本看成帝国主义。中国是日本第一大出口国，现在双方经济热、政治冷，安倍再闹，他的底线是别影响经济关系。日本现在不是一个独立的国家，美国控制很严。日本经济上独立，政治上半独立，军事上不独立，日本自卫队归美军指挥。当然美日也是互相利用的。美国利用日本牵制中国，日本利用美国突破“和平宪法”，壮大军队。

（五）遵循“争取日本人民”的基本思想

日本也不是铁板一块，有些人还是主张和中国发展关系。安倍助长日本右倾化，前首相鸠山由纪夫还是支持与中国发展关系的。现在中日之间的经济关系还是比较密切的，2015年APEC会议，安倍还是来了，他还是不想损害两国经济关系。2016年4月份习近平总书记和安倍在万隆会面。日本的政要毕竟是国内财团的代表，安倍也担心损害中日经济关系。2016年5月下旬，日本自民党总务会长率3000多名商界人士访问中国，习近平总书记还出席接见了，表示重视，还转交安倍亲笔信。这一点是对的，新时期还是要遵循毛主席、周总理提出的争取日本人民的思想。跟日本民间和左翼加强交往，还是要争取日本人民，以民促官。

现在中国崛起，面临一个很复杂的安全环境，东西南北问题，东独，台湾问题；西分，新疆西藏；南争，南海争端；北患，日本、朝鲜半岛问题。我们现在力量强了，日本现在讲中国“威胁”，在很大程度上它是国内政治的需要，打破“和平宪法”，跟美国一唱一和。以中国为幌子，是想让美国允许它扩张军备。

日本千年森严的社会传统形成一个根深蒂固的强权崇拜，媚强凌弱、欺善怕恶成为惯例。中国正在崛起，但是没有完全崛起，日本依靠着美国可以闹，故意遏制中国的崛起。

与日本为邻，是中国的不幸也是幸运，使国人百年来在挑战和刺激下几度奋起。

（六）争取日本中立化是长远的战略目标

我们现在产业规模巨大，生产了全世界50%的钢，40%的煤、水泥，造船吨位世界第三。我们是头号工业大国，但不是头号工业强国，我们的计算机芯片和操作系统主要来自美国，我们的高档发动机主要引自俄罗斯，我们的数码技术主要引自日本，说明我们的新材料技术仍然不够，只有航天工业达到世界先进水平，现在我们必须实现产业升级，这也是我们国防现代化的保障。我们军队用的很多芯片还是外国的，这个打起仗来要命。

我们内部要整治腐败。一方面要有硬实力，还要有软实力，有效的反腐败才能恢复党的基础，巩固我们党的内部。现在强调整顿“四风”，“老虎苍蝇”一起打，根本的目的是健全法制，把权力关进制度的笼子里。总之，我们中国的发展势头很好，现在中央强调我们有四个自信：理论自信，我们的理论是对的；道路自信，坚持一条正确的道路；制度自信，现在我们的制度是好的，我们的力量越来越强；文化自信，中华文化源远流长，越来越被国外接受、认同。

今天我们中国要振奋民族精神，但是又要警惕非理性的狭隘民族主义和愤青的思潮。争取日本中立化是我国长远的战略目标，但是比较困难。我们对日本必须保持军事威慑力、经济吸引力才能稳定关系。我们的军事力量要遏制大战，打赢中小局部战争。2015年我们新的国防白皮书公布了，坚持和平发展是我们的既定方针。中日关系受制于中美关系，但是不要由美国左右。下一步实现中国梦也是强军梦，习近平同志讲的三条：落后就要挨打，发展才能自强，道路决定命运。我们还有很长的路要走。

总之，下一步觉醒的中国要更加开放、更加面向世界，实现中国梦是我们全国军民的奋斗目标。这个目标一定能够实现，对此我们充满信心。

从丰臣秀吉到“七七”事变

吕耀东

中国社会科学院日本研究所日本外交研究室主任、研究员。中国社会科学院研究生院教授、博士生导师。北京大学国际关系学院毕业，获法学博士学位；吉林大学政治学理论专业博士后，研究领域为国际政治。研究专业和方向为中日关系、日本政治外交及大国关系、当代日本外交政策与外交战略、东亚的冲突与合作等。主要代表作：《冷战后日本的总体保守化》（专著）、《中国和平发展与日本外交战略》（专著，中国社科院院重点课题）、《21世纪的中日关系》（合著，中国社科院院重大课题）、《21世纪初期日本的东亚政策》（合著，中国社科院院重大课题）、《西方党政关系论析》（合著，国家社科基金项目）、《经济高速增长期的日本政治学》（合译）。目前承担中国社会科学院“日本海洋战略研究”创新项目课题，任首席研究员。

日本军国主义作为一种意识形态和国家制度，曾将国家的政治、经济、文化、教育及整个国民生活从属于军事及对外侵略战争，给亚洲乃至世界民众带来极大伤害和深重灾难。尽管日本军国主义作为国家制度的可能性被“和平宪法”所限制，但并不表明作为意识形态的军国主义“幽灵”已彻底消失。如今，日本出现右翼及一些保守势力违背“和平宪法”，解禁集体自卫权、谋求海外永久派兵的同时，日本国内否认日本军国主义侵华罪行的“历史修正主义”言论也不断高涨，这说明日本国内有些人还没有充分认识到否认军国主义侵华罪行对中日关系的负面影响。为了维护中国人民抗日战争和世界反法西斯战争胜利的正义性成果，驳斥日本右翼及保守势力有关“侵略未定论”的肆意妄为，防止对于日本军国主义侵略罪行的翻案，继续深入探讨日本军国主义侵华思想根源，具有十分重要的现实意义。

在2015年纪念抗日战争暨世界反法西斯战争胜利70周年之际，日本国内否认甚至美化军国主义侵略历史的言行逆流而动。日本政要抛出“侵略未定论”，在国内外散布淡化军国主义侵略性质的言论，日本政府还出台包括解禁集体自卫权在内的一系列安保法案，使得防止军国主义复活的“和平宪法”第九条名存实亡。日本对于军国主义侵略罪行及战争责任反省的历史性退步绝非偶然，日本的军国主义阴魂不散有其深刻的思想根源，它时刻威胁着亚洲及世界的和平与安宁，因而深入了解日本军国主义侵华政策理念的演变，具有重要的现实警示作用。

一、从“掩八纮而为宇”到“欲治大明国之志”

（一）日本历来崇尚以武力开疆拓土

众所周知，近代日本是个穷兵黩武、侵略成性的国家。事实上，日本历来就是一个有着以武力开疆拓土传统的国度。这种对外扩张的传统可以追溯到日本远古时代。据成书于8世纪、用汉文写就的典籍《日本书记》记载，在所谓初代天皇神武天皇建都诏书中宣称：“兼六合以开都，掩八纮而为宇。”意欲将世间的四面八方，置诸一宇（屋顶）之下。这种“八纮一宇”的构想妄图把世界均纳入“神国日本”的统治之下，而日本天皇就是世界的最高君主。4世纪后半叶，神功皇后出兵朝鲜，“征伐三韩（高句丽、新罗、百济）”，把朝鲜半岛南部地区纳入“大和朝廷”的势力范围，并在那里建立起所谓“任那日本府”。以上虽属神话传说，但“八纮一宇”“兼六合、掩八纮”，历来为日本扩张主义者所传诵，成为日本军国主义对外侵略扩张的指导思想。至于所谓神功皇后“征伐三韩”的传说则更为历代统治者所歌颂，成为日本对外开疆拓土、侵略扩张的楷模。7世纪，日本又派兵介入朝鲜三国政争，被唐朝与百济联军重创，此为中日间首次交兵的“白江村战役”。

（二）丰臣秀吉“不屑国家之隔”的大陆侵华战争

中世纪，日本出了一个开疆拓土的扩张主义者——丰臣秀吉。16世纪后半叶，称雄于战国时代的织田信长和丰臣秀吉打算在平定各藩、统一全国之后，乘胜发动“讨伐明朝战争”，征服中国。

织田信长和丰臣秀吉就是向华夷秩序挑战的人。1582年织田信长因遭“本能寺之变”被迫自杀后，丰臣秀吉将“征服中国”的图谋付诸实施。1585年，丰臣秀吉出任“关白”（摄政），总揽日本朝政。1590年消灭继续抵抗的关东和东北地区的“大名”，统一日本全国。同年，丰臣秀吉在致朝鲜国王的文书中明确声称：“不屑国家之隔，山海之远，一超入大明国（中国），易吾朝之风俗于四百余州；施帝都政化于亿万斯年者……依有远虑无近忧乎？”1591年，在给印度总督的信中，更口出狂言：“一有欲治大明国之志，不日泛楼船到中华者，如指掌矣！以便路可赴其地，何作远近异伺之隔乎？”在如此扩张理念驱使下，丰臣秀吉于1592年发动所谓“文禄之役”，派遣15万大军入侵朝鲜，打算通过朝鲜进入中国。随后日本一部分军队甚至侵入了中国的东北。然而，此役在朝鲜军民的顽强抵抗和中国援军大力支援下，日军陷入绝境，被迫议和撤军。野心不死的丰臣秀吉又提出“要明朝投降及割让半个朝鲜”等狂妄要求，“而明朝的答复是：‘封汝为日本国王’，准许朝贡。”恼羞成怒的丰臣秀吉于1597年再派14万大军入侵朝鲜，发动“庆长之役”。此次在朝鲜军民的坚决抵抗下又一次陷入困境。次年丰臣秀吉忧愤而死。

（三）山鹿素行等学者著书贬低华夏文明，倡导“日本主义”

丰臣秀吉死后，德川家康取而代之，建立了德川幕府，成为日本最高统治者。尽管德川幕府在长达260多年的统治期间实行“锁国”政策，没有像丰臣秀吉那样对外发动战争，但是，日本开疆拓土、侵略扩张的思想并没有因此消失，而是由后代一些思想家所继承。17世纪六七十年代，著名兵法家、学者山鹿素行（1622—

1685年）发表《中朝事实》和《武家事纪》等著作，贬低华夏文明，倡导“日本主义”。他毫不掩饰地提出“中朝”（指日本）论，宣称圣人（孔子）的道统到宋朝就已经泯灭，应该认定日本是“中国”。他将日本与中国、朝鲜作为比较：自开天辟地以迄大明，“夫外朝（中国）易姓，殆三十姓”；而朝鲜“两度亡国，四度易姓”。而日本“自人皇之初，神武天皇平均天下，祭祀天神地神之宗庙，表明执政万万世以来，至今已两千六百年”，“期间人皇正统相继，未尝易姓”，“唯有日本才确实可谓中国之地”。山鹿素行把日本称作“中央之国”，主张建立以日本为中心的独自的国际秩序。他歌颂丰臣秀吉入侵朝鲜，把丰臣秀吉“征伐朝鲜”和神功皇后“征伐三韩”相提并论，称：“秀吉晚年，征伐朝鲜，其勇敢胆略，冠于古今。……显示本朝武威于异域者，神功皇后之后即在秀吉统治之时”，并称自神功皇后“征伐三韩”以后，“朝鲜、新罗、百济皆为本朝之藩臣”“高丽为我之属国”。在他看来，日本已俨然建立起以日本为中心的国际秩序。山鹿素行的上述思想为后来建立力图以日本为中心的国际秩序奠定了理论基础。他的军事学说后来在幕府末期被长州藩士吉田松阴继承，对明治维新时期的一些日本勤王志士影响很大。

（四）日本思想界在蔑视华夏言论基础上，产生“大陆政策”理念

18世纪70年代，日本“集国学之大成”者本居宣长反对儒学，倡导国学，并进一步发展了山鹿素行的“日本主义”。山鹿素行和本居宣长倡导的“日本主义”与建立以日本为中心的国际秩序思想，深为近代日本军国主义者所推崇，对日本军国主义侵略扩张思想的形成产生了重要影响。到18世纪八九十年代以后，随着俄国等西

方帝国主义“东渐”，不断对日本造成“冲击”，日本出现了一批通过研究荷兰了解西方的“兰学”学者，他们有的著书立说，有的直接上书大名或幕府，就当时的日本内外政策发表见解。其中代表人物有林子平、本多利明、佐藤信渊、吉田松阴等。他们的共同特点是主张“开国”，学习西方，进行对外扩张。林子平于1785年和1791年发表《三国通览图说》和《海国兵谈》。他在《海国兵谈》中称颂“神功皇后使三韩臣服，丰臣秀吉征伐朝鲜使之至今仍服从本邦”的“光辉武德”；羡慕俄国的叶卡捷琳娜二世的“布德张武”和“一统五洲”，希望日本出现一个像他们那样“文武双全”的“将才”，来建立他所设想的“武装体制”。同林子平相比，本多利明的对外扩张思想又前进了一步，他把眼睛转向欧洲，主张向欧洲各国学习。他在1798年出版《经世秘策》和《西域物语》的著作中，主张实行对外“开拓制度”。可见，幕府末期，面对西方殖民主义的冲击与幕藩体制的危机，日本的扩张主义意识与国际乱局相结合，“大陆政策”理念逐步形成。

二、从“存华挫狄论”到“得失互偿论”

以佐藤信渊、吉田松阴等为代表的幕末教育家、军事思想家，成为其后明治维新的精神领袖及对外扩张思想的奠基者。清王朝在鸦片战争中惨败的残酷现实，使得日本一部分知识分子自觉或不自觉地思考日本的命运和未来。他们基于来自西方的海防压力，主张“严修武备”加以应对。同时，在狭隘民族主义意识驱使下竭力鼓吹“海外雄飞”，称霸世界。为了防止清王朝的悲剧在日本发生，甚至产生效仿西方列强侵犯中国的“凌弱”念头。

（一）佐藤信渊提出系统而周密的入侵和占领中国进而统一世界的构想

佐藤信渊（1769–1850 年）就 19 世纪前期国际形势变化，向幕府及地方藩阀建议应增强海防、抵御西方列强，并拟定日本称雄世界的帝国主义计划。同时，他还提出了系统而周密的入侵和占领中国进而统一世界的设想。佐藤曾在《海防策》（1808 年）中论述道："大清国既强大又绵密，万一出现狡猾之国君，生兼并之志，其患莫大。"他在《宇内混同秘策》（1823 年）中宣称，日本兼并亚洲各邻国是上天赋予的使命："皇大御国（即日本）乃天地间最初成立之国，为世界万国之根本，故若能经纬其根本，则全世界悉课为其郡县，万国之君皆可为其臣仆。"由皇国开发他邦，必先由吞并中国肇始。佐藤信渊提出，经略中国是实现上述构想的最基本的条件。"皇国征伐支那，如节制得宜，五至七年彼国必土崩瓦解"。而吞并中国，则宜先吞并中国东北地区："当今万国之中，皇国最易攻取之地，莫过于支那国满洲。""满洲之地与我之山阴及北陆、奥羽、松前等隔海相对者凡八百余里。""顺风举帆，一日夜即可到达彼之南岸。""如得满洲，则支那全国之衰败必当从此始。"佐藤信渊还具体拟定进攻中国的实施计划，认为中国南北方的中心分别为南京和北京，宜将日本军队分为进攻南京的集团和进攻北京的集团。前者由熊本、大泊两军组成，大泊军经琉球占台湾，由台湾出发在浙江沿海登陆，攻占宁波、台州；而熊本军由天皇自率，进攻中国江南各地，占领南京。后者以青森、仙台、金泽等七府军组成，进占朝鲜、中国东北地区，由山海关攻入北京。征服支那之后，再图东南亚、印度。佐藤的军事理念打着遏制俄国、英国扩张、“保卫日本国防”的旗号，图占领中国，而后向全亚洲扩张，以致称霸世界之构想。佐藤信渊倡导以“宇内混同策”为核心的“征服支那”论，继承和发展了丰臣秀吉“大陆扩张”的理念，为近代日本军国主义勾画出大陆扩张主义路线图。

但是，鸦片战争后列强虎视日本的冷酷现实也使佐藤信渊的侵华思想发生了微妙的变化，他于1849年撰写的《存华挫狄论》，与20多年前充溢着昧于世界大势的封建扩张狂想的《宇内混同秘策》观点相左。《存华挫狄论》在记述鸦片战争经过后，于卷末寄望中国振起，成为日本的“西部屏障”，并热切希望中国，“君臣苦心焦思，赈贫吊死，上下同劳苦，调练兵将。数年后乃起复仇义兵，征伐英夷，将其彻底逐出东洋，使中国永为日本之西部屏障”。佐藤信渊《存华挫狄论》绝非站在东亚被压迫民族立场上，而是从侵华转变为“存中华，挫夷狄”，以华为御敌之屏障，并未放弃《宇内混同秘策》以日本为主中心“世界统一”的帝国构想。

第一次鸦片战争时期，英军占领越秀山四方炮台，并炮击广州城。

（二）吉田松阴以“得失互偿论”为日本侵华寻找帝国主义借口

基于日本在19世纪中期被迫先后同美、俄、英、荷等国缔结签订了一系列不平等条约的现实状况，吉田松阴（1830–1859年）作为明治维新的启蒙者，通过兴办松下村塾，宣讲“尊王攘夷”思想，主张“失之于欧美，补偿于邻国”的民族扩张主义理念，提出了以攻击弱邻、补偿西方侵略之害的“得失互偿论”。尤其是当他看到积贫积弱的清王朝任由西方列强宰割，便开始产生对华蔑视感。并更加觉得日本的出路在于己为中介，促成得失互偿。这表明他逐渐形成了通过侵略朝鲜和中国来对抗西方的战略设想。1855年，他在给其兄长的信中称：“与俄美和亲条约已定，我决然不可破坏而失信于夷狄。只宜严守章程，加深信义。其间，培养国力，降服易取之朝鲜、满洲、中国，将同俄、美交易之损失，以鲜、满土地补偿之。”他在《幽囚录》中曾述道：“为今之计，不若谨疆域，严条约，以羁縻二虏（指英美两国）。乘间垦虾夷，收琉球，取朝鲜，拉满洲，压支那，临印度，以张进取之势，以固退守之基。遂神功之所未遂，果丰国之所未果也。”“收满洲逼俄国，并朝鲜窥清国，取南洲袭印度。宜择三者之中易为者而先为之。此乃天下万世、代代相承之大业矣。”吉田松阴关于入侵中国和朝鲜，“控制南洋而袭印度”，甚至梦想“并吞五大洲”的民族扩张思想，勾画出近代日本军国主义对外侵略思想的雏形。同时，吉田松阴的“得失互偿论”深深影响了后世，成为木户孝允、高杉晋作、伊藤博文、山县有朋、井上馨等倒幕维新派的国际观，日后明治政府的军国主义政策亦深受其民族扩张主义思想的深刻影响。伊藤博文、山县有朋、井上馨等人把吉田松阴的扩张思想奉为“圭臬”，并相继付诸指向亚洲大陆的侵略扩张行动。

日本的明治维新确立了以天皇为中心的中央集权体制，随之构筑起军国主义的经济基础，建立了军国主义的警察、监狱和武装力量等国家机器，并对外实施军国主义侵略扩张政策。明治天皇在其“开国和亲方针告示”中宣称，将“大力充实兵备，耀国威于海外”。在“天皇谕告”中进一步宣称日本要“开拓万里波涛，布国威于海外”。通过明治维新维激发了日本对外侵略扩张的野心，并随之将对外侵略扩张付诸政策实施。日本军国主义之所以从1868年明治维新以后形成并发展，既有“军事至上，谋求霸权”的军国主义普遍特征，更有其深刻的思想渊源及时代背景。正如日本学者所言，鸦片战争中的“文明傲慢”诱发日本军国主义的产生。“清朝未能充分掌握和使用西欧技术，从而被日本赶上并拉开距离形成落差，这种落差使日本军国主义的产生成为可能”，“因而日本军国主义抓住了清朝的这个弱点加以攻击”。日本军国主义体制形成之初，就将侵略的矛头指向中国。然而，日本的军国主义侵华理念决非“刺激反映”，而是源远流长。

可以说，佐藤信渊、吉田松阴等维新启蒙者的皇国史观及对外政略等思想主张，给日后明治政府领导者以深刻影响，被明治维新之后的日本军国主义者完全继承并加以广泛宣传，演化为日本向外扩张的目标与步骤，成为军国主义侵略扩张的理论依据和指导方针。

三、从“脱亚论”到“大陆政策”构想

明治维新后，日本的侵华理念由佐藤信渊、吉田松阴等人的书斋设想，演变为军国主义侵华思想与侵华战争互动并进的形态。一

方面，奉行“富国强兵”、力图摆脱对欧美国家屈从地位的日本政府，迅速走上了军国主义对外侵略道路，并将矛头直指中国。另一方面，以被称为“日本近代最重要的启蒙思想家”、民间报人福泽谕吉为代表的扩张主义倡导者，大肆鼓吹弱肉强食的合理性和正当性，为明治政府军事扩张和侵略亚洲的野蛮行径摇旗呐喊。他在近二十年写的四十多篇鼓吹侵华的文章里，把日本“文明开化”的近代化与侵略中国联系起来，公开标榜侵略合理合法。他积极支持的侵占朝鲜、吞并中国台湾和东北地区的一系列侵略构想和实施方略，被后世的军国主义者全部付诸为侵略行动加以实施。

（一）日本入侵台湾地区助长了日本国内扩张主义理念的膨胀

1874 年 5 月，日本陆军司令官西乡从道出兵入侵我国台湾地区，迫使清政府签订了屈辱的《北京专条》，以赔款 50 万两白银作为日本侵台军退出台湾地区的条件，虽然侵台战争的规模不大，但由于清政府的软弱和英美对日本的支持，日本的不战而胜却刺激了军国主义分子的侵华欲望。这次入侵台湾地区是日本走上明治维新之路后的首次对外用兵，其中包藏着侵略朝鲜、侵吞琉球的武力试探。可以说，1874 年日本派兵侵犯台湾地区目的有二：第一，这是日本侵略中国领土的开端，点出了近代日本对华关系的主题；第二，这是日本吞并琉球的一个步骤。在日本对外扩张的历程中，侵略中国和并吞中国的邻国总是相互关联着，这成为一个规律，而此次侵略行为就是这个规律的首次表现。1875 年，日本武装入侵朝鲜，逼迫朝鲜签订了不平等条约。1879 年吞并琉球，并更名为冲绳。

福泽谕吉一贯以“文明”国家正当行使权利为理由解释并积极

支持侵略战争。对于明治政府的侵台行为，福泽谕吉在《明六杂志》上发文赞同称：“终于迫使支那人拿出50万两白银的赔款，这对于国家来讲是件可喜可贺的事情。……谁都会为此而感到自豪，我等亦兴高采烈。”他还不忘提请读者注意，“我军费的大半用于资助西洋各国的商业”。他在结论中提出如下重要课题“战争关系到国家的忍辱，国权关系到国力的胜衰”，并就此勾画了日本的发展蓝图，即“此次胜利，使我国国民的精神面貌焕然一新，第一次有了明确的内外之分，巩固了国家主义国体的根基，凭借这种国权扩张的余威，就可以平等地与西洋诸国打交道”，将来，日本一定能够屹立于西洋列国之林。很显然，被日本称为“明治时期教育的伟大功臣”的福泽谕吉并没有觉得侵略他国有什么不对，反而在所谓“文明”的名义下，应该使歧视、侵略亚洲邻国的行为合理化、正当化。

（二）福泽谕吉的“脱亚论”为日本效仿列强侵华提供理论支持

随着日本国力的增长和内外形势的变化，福泽谕吉提出了“脱亚入欧论”。在他看来，中国和朝鲜如果不能像日本那样完全西化，必会亡国。日本也不必与之为伍，而应该像西方列强那样，参与瓜分中国和朝鲜。正如他在1882年11月的《兵论》中所言：“如果支那最终不能独立而落于外国人手里，我日本人不可袖手旁观，也应该奋起共同逐鹿中原。”受此观点影响，日本在明治中期正式形成了“脱亚入欧”的对外政策。福泽谕吉在《脱亚论》（1885年）中明确表示：“我日本国土虽位居亚细亚的东边，但其国民的精神已脱去亚细亚的痼陋而移向西洋文明。然而不幸的是近邻有两个国家，一个叫支那，一个叫朝鲜。这两国的人民为亚细亚流的政教风俗所培育，与我日本虽无大异，但或许是因为人种的由来有所不同，处于同样的政教风俗中，其遗传教育之旨却有不同。……如今支那朝鲜对我日本没有丝毫的助益，而且在西洋文明人看来，三国地理相接，有时甚至将三国同样看待，以评价支朝的标准来评价日本也并非不可能。”“这些事例不胜枚举……间接地会成为我外交上的障碍，是我日本国一大不幸。故今日我国之上策，与其坐等邻国开明而共兴亚洲，毋宁不与他们为伍，而与西洋文明共进退；与支那朝鲜接触时，也不必因为他们是邻国就特别客气，而以西洋人的方式处理即可。与恶人交友就难免恶名，我们要从内心里谢绝亚细亚东方的恶友。”

可以说，福泽谕吉的“脱亚入欧论”鼓动日本积极加入列强行列，以“西方文明”贬抑中华文明，具有狭隘的民族主义色彩。当看到“西方文明”的压倒性武力强势时，福泽谕吉随即放弃昔日对于中国文化的崇敬之情，转而迅速拥抱“西方文明”，甚至不惜以贬低、丑化和“脱亚”的极端方式，切割日本与中华文明的历史关联性，并以此向西方列强表明对于近代西洋文明的价值观的高度认同。以接受“文明开化”的“大日本帝国”的优越感来观察中国、看待中国，把中国喻为“顽固、落后和野蛮”的国家。福泽谕吉在《文明论概略》中所谓人类社会要经过“野蛮”“半开化”“文明”三个发展阶段的文明史观，是他声称对于西方“先进国家”的考察、体验和文献学习而形成的。问题在于，他正是根据这个文明史观，形成对于亚洲各国的歧视和侵略主张合理化的。福泽谕吉在宣称“保护亚洲东方乃是我之责任”的同时，也表明“如果情况紧迫，可以不客气地占领其地盘，并以我之手重建”。他在1883年10月的《外交论》中写道：在“世界各国相互对峙、禽兽相食”

的国际关系中，“若食者为文明之国”。这里所谓保护东方各国的“责任”，福泽谕吉毫不掩饰日本应该侵略他国、合并亚洲各国和进行殖民统治的民族扩张主义意向。他于1884年底在《时事新报》上公然表示：如果对清战争胜利，日本则“将永远被尊为东方之盟主”。可以说，福泽谕吉在其《文明论概略》宣传“侵略战争正义”的基础上，在《脱亚论》中宣扬“物竞天择”“弱肉强食”的观点，为日本军国主义思想形成及发动侵略战争提供了理论支持，客观上促成日本“大陆政策”的拟定与实施。

（三）山县有朋确立的“大陆政策”及利益线理论，为日本扩张主义指明了战略目标及路径

日本战国时期的武将丰臣秀吉最早将“大陆政策”理念付诸行动。日本的大陆政策指“不甘处岛国之境”的日本立足于用战争手段侵略和吞并中国、朝鲜等周边大陆国家的扩张政策及理念，并成为日本近代军国主义的主要特征和表现。吉田松阴的学生山县有朋就是“大陆政策”的完成者和实践者。他被称为“日本陆军之父”，一生处于日本军事权力的核心圈内，竭力推进日本军队近代化，主张“强兵”乃“富国”之根本。在山县有朋等维新元老心目中，明治政府三大政策中，“富国强兵”是最高目的，而“殖产兴业”及“文明开化”只是手段而已。“富国强兵”成为日后日本对外侵略扩张的实力依托，并助长了日本军国主义者的侵华野心。山县有朋于1869到1870年受明治政府派遣赴欧洲考察军事制度，回国后主持制定《征兵令》，设立直属于天皇的参谋本部，并奏请颁布《军人训诫》（1878年）、《军人敕谕》（1882年），要求军人把天皇当作“神”来崇拜，并以“武士道”精神作为军人的行为准则。

解散维新初期由诸藩改编的旧式军队，确立新兵制，做好了发动对外扩张战争的军事准备。

为了制定“大陆政策”及侵华计划，1879 到 1880 年首任参谋本部长山县有朋派遣部下桂太郎、福岛安正等人潜入朝鲜和中国沿海刺探情报，形成题为《与清朝斗争方策》。其内容是设想派遣三个师团占领大连湾并袭击福州，以此为中心作战行动。然后，“一举攻下北京，迫订城下之盟”。福岛安正还把有关清军的兵力、素质、士气的情报整理成《邻邦兵备略》六册。山县有朋综合上述报告及情报形成“日本的军事战略”，提出了《进邻邦兵备略表》上奏文，表明“本邦在海陆攻战方略方面，业经初步规划”。1890 年，山县有朋以首相名义写就关于“大陆政策”战略构想的《外交政略论》。他主张在固有领土疆域的“主权线”外侧，又设想出一条“利益线”，那里是“势与邻国接触，而与我主权线之安危紧密关联之地区”。他强调“仅仅防守主权线已不足以维护国家之独立，必须进而保卫利益线，经常立足于形胜之地位。如果别国侵入利益线，则必须以强力排除之”。他指出，日本“利益线的焦点”是朝鲜。也就是说，把日本国疆域称为“主权线”，把朝鲜作为“利益线的焦点”，将中国等邻国的疆土视为日本“利益线”的势力范围。山县在 1890 年 12 月第一次帝国议会上发表施政演说称：在列强争霸的时代，“仅仅防守主权线已不足以维护国家之独立，必须进而保卫利益线”。他极力宣扬“利益线”理论，鼓吹必须大力扩军备战。可以说，山县有朋已把朝鲜甚至中国纳入日本“利益线”的势力范围，以防止和对抗沙俄侵占。按照这样的“大陆政策”战略构想，为了“防守主权线”，占领和侵略朝鲜、中国等“利益线”势力范围就成为历史必然。

山县有朋继承导师吉田松阴的民族扩张主义思想，并将进攻亚洲各国的“大陆政策”从“利益线”理论变成国家的对外侵略扩张政策加以确定实施。山县有朋在担任明治、大正时期军界、政界要职的漫长生涯中，始终是“大陆政策”的推动者和实施者。他在日本近代天皇制的确立、军国主义的形成及侵华过程中起了至关重要的作用。他的这一“利益线”理论标志着日本“大陆政策”战略构想的基本成型，并为后来日本历届内阁及军国主义者所继承。日本明治维新后的1894年甲午战争、1904年日俄战争、1910年吞并朝鲜、1915年对华《二十一条》、“九·一八”事变和“七七”事变等一系列侵略战争及事件，均是“大陆政策”关于利益线理念的具体实施。

四、从对华《二十一条》到《田中奏折》出笼

（一）日本通过扩张主义战争逐步将中国纳入其主权线和利益线势力范围之中

随着日本对外侵略“大陆政策”的确立，“主权线”和“利益线”范围不断向外延伸和扩张，中国成为日本军国主义侵略的主要目标和对象。日本迫使清政府签订割地赔银的《马关条约》后，日军占领台湾全岛。1898年日本又强行将福建划为其势力范围。1900年，日本伙同欧美列强组成八国联军进犯北京，镇压义和团等反帝爱国运动。时任首相山县有朋适时确立“北守南进”的大陆政策基本方针。在他看来，中国“国家生气久已衰耗，自身已无恢复之力”，所以，将来被瓜分的可能性很大。日本“自当谋求将来

遇有瓜分之机，不至误算”。在固守和蚕食中国东北既得利益的情况下，向南部扩张势力范围。“其方案宜扩张势力范围，并要求在该范围内取得驻屯军队、铺设铁路、采掘矿山等特权”。为了便于日本军国主义的对外扩张，山县有朋确立了军部大臣现役制，为日本军部控制国家发展方向奠定了政治基础。

1901年9月，清政府与日、俄等11国签订《辛丑条约》。条约规定中国赔款4.5亿两白银，交出税务、使馆区管理权，并禁止中国人成立或加入反帝组织。其中关于“拆毁北京至大沽的炮台，准许各国派兵驻守北京至山海关铁路沿线要地”的条款，为后来日本以“卢沟桥事变”为由发动全面侵华战争埋下了隐患。可以说，《辛丑条约》诱发了日本军国主义侵华的无限贪欲。1905年日本政府通过“日俄战争”侵占中国东北领土，迫使清政府签订《中日会议东三省事宜条约》，获得在我国东北南部之特权。1906年6月，日本成立了掠夺我国东北资源的大本营“南满洲铁道株式会社”。1907年7月，日本与法、俄签订秘密协定，把南满和福建定为日本势力范围。

1914年8月第一次世界大战爆发，欧洲列强忙于厮杀而无暇东顾，被日本军国主义者称为侵华的“天赐良机”。日本政界元老井上馨面对世界大战战争事端兴奋不已，他在给内阁首相和山县有朋的意见书中称：“这次欧洲大战乱，对日本国运的发展是大正新时代的天佑良机，日本要举国一致，利用这个天佑良机……确立‘日本在东洋的权利’，笼络‘中国的统一者’。”大隈首相和山县有朋“非常赞成”这一基本方针。随之日本借口“从中国排除德国的影响”而对德宣战，并迅速展开军事行动，把山东黄河以南地区划为日本对德“作战区”。9月，日军在山东半岛北岸龙口登陆，

10月，占领济南和胶济铁路全线；11月，占领胶州湾；11月，日英联军攻占青岛。大战结束，日本以极其微小的代价排除德国在东方的殖民势力，攫取了原德国在中国山东的所有特权。

（二）日本力图以对华《二十一条》要求，将中国彻底殖民地化

日本参加第一次世界大战的真正用心是借参战之名，行独霸中国之实，并扩大在亚洲的霸权和优势。1915年初，日本“以山东派遣军和关东军的武力为后盾”，向中国抛出了《二十一条》要求。第一号是关于日本接受山东省内过去德国权利和铁路修筑权以及其他要求，其目的是将山东省置于日本支配之下。第二号是关于“将旅顺、大连租借期限并南满洲及安奉两铁路期限，均展至九十九年”，以及其他将“南满洲及东部内蒙古”几乎完全变成日本殖民地的各种要求。第三号是独霸汉冶萍公司的煤炭开采事业。第四号要求中国政府宣布不得将中国沿海和岛屿割让给他国。第五号是中国政府在军事上和财政上聘请日本人为顾问，并不能少于他国人数。中国警察中日合办或聘请日本顾问，中国军队所需的军械要由日本供给，或者由建立中日合办的工厂供应。承认日本在中国各地医院、寺院、学校的土地所有权，并且承认日本的布教权（意味着进行特务活动的自由）以及其他关于华南铁路权利的等等要求。“这‘二十一条’露骨地表现了日本欲将中国殖民地化”，这些条款企图把中国的领土、政治、军事及财政等都置于日本的控制之下。1915年5月9日，日本以最后通牒方式，迫使袁世凯接受日本灭亡中国的“二十一条”要求。这一天被中国称为“国耻日”。《二十一条》是日本帝国主义以吞并中国为目的而强加于中国的单方面“条约”，是其侵略野心的大暴露。此后历届中国政府均未承

认其为有效条约。

（三）《对华政策纲要》及“田中奏折”确定了日本侵华的战略部署及实施步骤

随着日本军国主义侵华势力范围的急剧扩大，酝酿和准备全面侵华战争的思想及理念适时发展完善。1927 年，历任参谋总长、陆军大臣等职的田中义一出任日本首相。他是一个狂热的大陆扩张主义者，一贯主张“经营大陆”，认为“大陆扩展乃日本民族生存的首要条件”，妄言“利用中国资源是日本富强的唯一方法”。田中内阁上台后更是加速了侵华步伐。同年 6 月 27 日，田中主持召开了“东方会议”。该会议重要议题是“把满洲从中国分离出来，并图谋在东方会议的名义下策划这种设想”。更为重要的是，该会议是田中内阁为制定侵略中国的总方针而召开的重要会议。会后公布了《对华政策纲要》，此后日本帝国主义的对华政策就以这个纲要为基础而展开。其内容包括：第一，区别“中国本土和满蒙”，坚决把中国东北从中国分割出来，置于日本势力之下；第二，认为当前中国不可能统一，应和“各地稳健政权”取得适当联系，即竭力使军阀分裂互斗，从中选择日本的走卒；第三，“帝国在华利益以及日侨生命财产如有受‘不逞分子’非法侵害之虞时，帝国当根据需要采取坚决自卫的措施”，即日本坚决与反对帝国主义争取民族独立的人们为敌；第四，“万一动乱（中国革命）波及满蒙，扰乱治安，使该地日本的特殊地位与利益有受侵害之虞时，帝国将不问它来自哪一方面，有立即坚决采取适当措施加以保卫的决心”。在公布的文件中尚且这样露骨地表明了干涉和侵略的意图，而会议中的秘密部分必然更加具有侵略性是可想而知的。1927 年 12 月南京出版的《事实月报》杂志揭露，田中曾根据这次会议决定拟就一份秘密文件上奏天皇。《田中奏折》及其侵略计划，立即引起世界各国的重视，英、美、苏等国报纸也相继予以披露，但日本当权人物则矢口否认。在所谓《田中奏折》（即《帝国对满蒙之积极政策》）中写道：“惟欲征服中国，必先征服满蒙；如欲征服世界，必先征服中国。”“我大和民族之欲步武于亚洲大陆之第一大关键，在于把握满蒙权利。”就连日本学界也有学者认为，“这种设想，则不论《田中奏折》的真伪，大体上说中了其后日本帝国主义的侵略历程”。日本史学家井上清在所著《日本近代史》中也称：据传出的《田中奏折》“详述了侵略中国的步骤、方法。这个文件是否东方会议决定虽不能确定，但它和以后日本的行动完全一致”。中国有的学者也认为：继续讨论《田中奏折》的真伪问题，已经没有实际意义，即使田中没有通过《奏折》向天皇报告，上述情况也足以证明《奏折》所表达的政策是存在的。历史事实证明，东方会议及其议题勾画出了日本帝国主义“大陆政策”的根本战略构想和基本国策，明确了日本军国主义对外侵略扩张、争霸世界的总体目标。随后，日本军国主义者开始用武力落实占领中国东北和内蒙古的实际行动。

日本政府和军部为了发动侵华战争，大肆煽动所谓“生命线满蒙的危机”，“好像居住在中国东北的日本人都有濒于被外国人杀害的危险”。但这个危机是他们制造出来的。1928 年 6 月，日本在沈阳皇姑屯车站炸死张作霖，阴谋夺取东北。这一事件应验了关东军上报军部的《关于对满政策的意见》，即如果张作霖不接受“把满洲政权傀儡化”设想的话，就让“帝国认为适当的人物”来实行，即使诉诸武力，也必须谋求实现。

（四）日本通过制造“九·一八”事变，将侵华为核心的“大陆政策”加以逐步落实

1930年3月，关东军高级参谋板垣征四郎在《从军事上看满蒙》中讲：“明治天皇在位期间，我国以国家命运作赌注，断然进行了日清、日俄两大战役，结果终于在大陆的一角确立了特殊地位。”“从目前支那的态度方面来考察，不能不得出这样的结论：只用外交的和平手段，终究不能贯彻解决满蒙问题的目的。”这是继田中义一之后更为明确地道出以武力侵占中国东北的意图。参谋本部也在“形势判断报告”确定“解决满蒙问题”第三个阶段就是“占领满蒙”。同年5月，关东军作战主任参谋石原莞尔在《满蒙问题私见》中写道：“为了我国国运的发展，满蒙正是最为重要的战略据点。……而且，在确定战争计划上，要问战争动机、确定日期，按照日韩合并的要领，向中外宣布合并满蒙足矣。……如有良机，依靠关东军的主动，成就回天之伟业绝非难事。”由此可见，日本借故发动侵略战争已经只是时间问题。1931年9月18日，盘踞在我国东北的日本关东军按照其司令部的预定计划，制造了震惊中外的“九·一八”事变，发动侵华战争，占领我东北全境，这样日本军国主义建立了第二次世界大战的第一个战争策源地。日本为了造成对东北军事占领的既成事实，在所谓“共存共荣”“王道乐土”的旗号下，一手炮制成立了实为日本殖民地的“伪满洲国”。

（五）“七七”事变既是日中战争的全面爆发，也是日本“大陆政策”的全面展开和逐步推进

东北三省全部沦陷之后，日本军国主义者进逼中国关内，蚕食华北。1933年日本占领热河，迫使国民党政府签订《塘沽协定》，使日军占领合法化。1934 年 4 月，日本外务省情报部长天羽英二发表了日本在中国的行动不许他国干涉的声明，表明日本将独占中国的意图。1935 年，日军在河北和察哈尔不断制造事端，进行军事挑衅。国民党政府再次与日本签订卖国的《何梅协定》和《秦土协定》，中国失去了河北、察哈尔两省大部分主权。同年 6 月 28 日，“丰台事件”发生，日军非法进驻丰台。接着，日本侵略者策动河北、山东、山西、察哈尔、绥远的华北五省“自治运动”，并推动以分离华北为目的的“华北事变”。11 月 25 日，日本唆使汉奸殷汝耕在通县成立“冀东防共自治委员会”。冀东 22 个县宣告脱离中国政府管辖。与此同时，日军策动成立伪“蒙古军政府”，妄图使“内蒙脱离中央而独立”。1936 年 2 月，日本发生“二二六事件”，这次以建立军事政权为目标的军事政变虽然失败，但上台组阁的广田弘毅随即恢复军部大臣现役武官制，从组阁到施政方针完全按照军部旨意而决定，日本法西斯军事独裁政权形成。同年 8 月，日本出台“国策大纲”，以“稳步地向海外扩张”“确保帝国在东亚大陆的地位，同时向南方海洋发展”等为根本国策。1937 年 7 月 7 日，日军在卢沟桥回龙庙附近进行挑衅性的军事演习，并炮轰宛平城，制造“七七”事变，开始全面侵华，后以重兵三路进攻华北，走上了全面侵华的道路。“七七”事变，日中战争的全面爆发，是对中国的侵略走到了顶点。

关于中日全面战争爆发的性质和结果等问题，日本著名历史学家井上清指出，“近代天皇制国家，从一开始就把向中国伸展势力作为其对外最高政策之一；日本对中国的欲望不仅仅是占领满洲，而是要进入中国中部，迫使中国中央政府从属于日本”。井上清认为，近代日本不断对中国发动侵略战争，但“七七”事变以后的日

1937年“七七”事变发生后，中国共产党举行誓师大会，高举“为保卫国土流最后一滴血”等标语。

中战争却和以前的战争根本不同。在以前的战争中，日本的对手是中国的封建皇帝、地方军阀和有军阀成分的“国民政府”等这样一些与中国人民对立的势力，因而比较容易取胜；“七七”事变以后，正如尾崎秀实（日本记者）早已指出的那样，日本是把整个中华民族的抗日民族统一战线作为对手了，而且，这个统一战线不是国民政府组织的，而是中国爱国民主力量和共产党在反抗国民政府过程中逐渐组织起来，并且最后把国民党和国民政府也争取到统一战线中去了。在抗战中，中华民族的抗日意志丝毫不减，愈战愈强，终于取得了全面的胜利。这在世界历史上第一次证明了殖民地、半殖民地的民族是能够依靠自己的力量战胜强大的帝国主义，获得解放的。

结语：“大陆政策”等军国主义历史沉疴的现实影响

综上所述，日本军国主义侵华思想演变过程是与“大陆政策”的演进及实施互动发展的。从发展历程来看，随着对于西方列强“弱肉强食”侵略行为的认同，日本从昔日“存华挫狄论”实现向“得失互偿论”的彻底转变。同时，日本明治维新实施的“富国强兵”政策，进一步激发了军国主义侵华思想的膨胀与发展。日本完全无视几千年的睦邻友好关系，力图仿效西方列强的做法侵略中国等亚洲邻国。从“脱亚论”到“大陆政策”构想的产生，为日本最终寻找到发动军国主义侵华战争的现实主义理由和行动依托。第一次世界大战时期欧洲列强无暇东顾，又给日本军国主义确立“在东洋的权利”以战略时机和侵略空间。从对华《二十一条》到《田中奏折》的侵华政策推进，反映出日本军国主义的“利益线理论”已经转变为侵华的具体战争行动。随着二战日本军国主义侵华战争的失败，宣告了日本“大陆政策”的彻底破产，但是日本军国主义思想仍未彻底肃清，现代日本社会依然存在着否认侵略罪行的历史修正主义思潮。

（一）历史修正主义是战后日本国内外政治环境变化的综合结果

二战后，在美国占领当局的主导下，日本制定了以“主权在民”“放弃战争”为核心理念的“和平宪法”；天皇发表了“人间宣言”，自我否认了“现世神”的身份。由此，“皇国史观”在日本曾一度衰落。随着冷战的开始，美国对日本军国主义者采取了

“怀柔”政策，大批战争罪犯重返政界、官界和财界，形成了强大的历史翻案势力。在右翼势力的鼓噪下，一批旧军人、旧外交官乃至战犯通过撰写历史著作、回忆录、传记、秘录以及发表日记、手记等方式，美化日本军国主义，否认侵略，他们大肆抨击所谓的“受虐”历史观，说这种历史观使日本人丧失了“自豪感”和“爱国感”，“皇国史观”又开始死灰复燃。在20世纪50年代，日本的中学历史教科书就不断被修改，删除了有关“战争反省”的内容。1982年，日本文部省对送审的历史教科书书稿进行了修改，大量掩盖了日本军国主义侵略中国和朝鲜的史实。例如，把侵华日军侵略华北改为“进入华北”；把对中国进行全面侵略改为“全面进攻”；把在中国推行的杀光、烧光、抢光的“三光”政策改为由于中国“抗日运动的展开，迫使日本军队保证治安”等等。1997年，日本右翼组织“新历史教科书编撰会”极尽歪曲侵略历史之能事，以中国的“排日运动”等手法淡化日本的侵略罪责，以质疑30多万被害者人数来否认南京大屠杀本身的事实存在。日本文部科学省迫于国内外舆论的压力，对该教科书提出了137处修改意见。但是，该教科书经修改后仍然坚持歪曲历史的基本观点，如把吞并朝鲜半岛说成是出于“保卫日本的安全和满洲的权益”的必要，兼并行为是正当的。

2001年以来，“新历史教科书编撰会”将日本有预谋发动的“九·一八”事变等歪曲为由中国方面引起，将“南京大屠杀”以“事件”一词轻轻带过，极力否认日军在南京犯下的大屠杀罪行。甚至鼓吹“东京审判”合法性待定论。该教科书还突出二战时日本的受损失程度，鼓吹“造福”亚洲，把日本在中国台湾的殖民统治和对中国东北的武装占领美化成是致力于当地的开发，把对东南亚的侵略战争说成是给亚洲各国带来独立的契机。不仅将钓鱼岛说成是日本领土，而且还力图否认中国自古以来对台湾地区的主权。日本文部科学省通过征集中学历史教科书书稿，然后经过审查、批准、放行。其中的不少历史记述严重失实，特别是由“新历史教科书编撰会”编写的中学教科书肆意歪曲历史，鼓吹侵略有理。日本政府审定通过歪曲历史事实的历史教科书，助长了日本社会历史修正主义思潮的泛滥。

（二）日本右翼政治家的“历史观”是扩张主义、军国主义残存的现实表现

近年来，麻生太郎、安倍晋三、盐崎恭久、高市早苗、前原诚司等生于战后的日本新生代右翼政治家群体，在成长过程中，未能得到正确而足够的历史教育，因而普遍存在历史修正主义言论。这与该群体的社会化“偏差”有关，也就是说，家庭、教育和社会影响决定了他们的“历史观”养成。

首先，右翼政治世家的思想传承是新生代政治家群体“历史观”养成的关键。出身于右翼政治世家的安倍晋三童年时，就深受其外祖父、“鹰派”前首相岸信介的影响。岸信介因其二战侵华罪行，被定为甲级战犯入狱，获释后仍念念不忘“大东亚共荣圈”的美梦，在1957至1960年出任日本首相期间多次发表强硬的反华言论，是第一个正式“访问”台湾的日本首相。其言行受到当时日本“和平主义”团体的强烈反对。但是，安倍晋三却不以为然，他在其新著《致美丽的祖国》中回忆道：“从幼年时起，外公在我心目中就是一位只考虑国家未来的赤诚政治家。而且，他能毅然面对社会上喧嚣的非难，其泰然处之的态度，令我全身心地为之感到自豪。”这

说明安倍对于岸信介政治思想的承接与认同。同样，“世袭议员”出身的中川昭一（其父中川一郎生前是自民党派阀“中川集团”的领袖）是有名的右翼政治家。右翼政治人物石原慎太郎也是“中川集团”的成员，其子石原伸晃也难免不受其思想的影响。

其次，学校教育对于右翼政治家和社会精英“历史观”的形成作用较大。在日本参众两院议员中，东京大学、早稻田大学、庆应义塾大学和中央大学这 4 所大学占到一半左右。其中，由庆应义塾大学毕业的政治家中，先后担任过首相的有桥本龙太郎和小泉纯一郎。庆应义塾大学是由日本著名思想家福泽谕吉创立的，其《文明论之概略》《福翁自传》《学问的规劝》是三本必读书。其“脱亚论”等观点难免会对有些右翼政治家“历史观”的形成产生过深刻影响。昔日福泽就建议作为大元帅的明治天皇主祭靖国神社，小泉纯一郎解释前往靖国神社参拜是“为了不再发生战争”。这样的“历史观”，左右着当代日本的政局和政治走向，促进了历史修正主义的泛滥。在“历史问题”上态度强硬的自民党右翼政要高市早苗认为：“对教科书特别是义务教育所使用的教科书的审查，其内容是否符合宪法另当别论，一定要使教科书所叙述的内容更多地与国家挂起钩来。”这样的“国家主义”观点表明，日本右翼政治家历史观的养成，与日本长期的、有针对性的“指导性”教育有关。1995 年，东京大学教授藤冈信胜等人提出了以“自由主义史观”来研究日本近现代史的论调，自民党随之成立“历史研究委员会”，推动政界、舆论界和学术界的极右翼势力炮制出了《大东亚战争的总结》。该书大肆抨击日本战后以来所有的历史结论及历史教育为“反日史观”和“自虐史观”，指责这样的历史观使日本人丧失了“自豪感”和“爱国心”，呼吁教育界重新“反思”并重编一部具有“民族精神”的日本近现代史。在这样的政治导向下，安倍等日本战后新生代的历史观及其价值判断发生偏差和错误，就成为一种历史必然。

（三）日本实行遏制中国“走出去”的战略意图

日本刻意划分、制造“海洋国家”与“大陆国家”及对立，大有将钓鱼岛和东海“中间线”作为主权线，把南海和印度洋作为利益线，行遏制中国“走出去”的战略意图。基于“大陆政策”的惨败教训，日本前防卫大学校长、历史学家五百旗头真在《战后日本外交史》一书中表示：“日本虽为岛国，但近代走的却不是‘海洋国家’而是‘大陆国家’的道路。”“这并非明治领导人意识到需要选择国家大战略而决定的发展道路。其实，这不如说是在具体情境下日本竭力采取应对措施和通过战争取得胜利的结果，它使得日本只能接受坚定不移的帝国发展方向。”1890年山县有朋关于“主权线”和“利益线”关系的“大陆政策”论述，“对日本选择‘大陆国家’具有深远的影响”。“山县的论述清楚体现了日本领导人发动甲午战争、日俄战争的逻辑。”这样的观点既是为日本发动殖民主义和军国主义侵略战争寻找“列强压迫”的客观借口，也是替过去日本选择“大陆政策”而未走“海洋国家”之路而惋惜。因为在五百旗头真看来，倒幕维新派坂本龙马在“船中八策”中就提出过“海洋国家”构想，“要利用岛国的海上通道优势”。海军中将佐藤铁太郎也在《帝国国防史》（1908年）中认为，“日本与其进入亚洲大陆不如重视海上权力”。这样的观点反映了战后日本国家战略选择的策略意向。

近年来，日本国内“海洋国家日本论”甚嚣尘上，通过日美同盟“借船出海”，以保护海上通道安全为由，积极介入南海问题，遏制和围堵中国的正当海洋维权。从日本排他性“海权论”的影响来看，基于海洋国家与大陆国家对立的国内舆论，已经成为影响日本外交政策的重要因素。一些自民党保守派公然制造所谓“海洋国家”和“大陆国家”的对立，宣称“从地理政治学的角度来看，日本是个海洋国家”。“海洋国家”日本“因为缺乏资源，就向外发展，利用海洋，靠通商贸易生存，成为海运国家，意愿建立自由民主主义政权”。基于这样的荒谬观点，排他性“海权论”在日本大行其道，其基本内容是刻意煽动“大陆国家”与“海洋国家”的对立和摩擦，把中国划为“大陆国家”，把日美英等国家说成是“海洋国家”。力求只准中国在陆地生存和活动，而不许进行海洋维权，向海洋发展。

日本的排他性“海权论”主张日本的国家对外战略优先课题是对付来自“大陆国家”的威胁。其要点包括：一是日本应谋求建立类似美英关系的日美军事同盟；二是位于重要贸易航路巴士海峡的菲律宾是“比大陆国家更优先的友好国家”，扼守马六甲海峡的印度尼西亚和新加坡也是与菲律宾一样的“优先友好国家”，澳大利亚和新西兰是有利于日本与东南亚岛国合作的强有力的同盟对象；三是东亚大陆各国基本上是均势政策的对象，日本应尽量离间中俄，推动中俄战略对抗，防止中俄结盟；四是朝鲜半岛和越南为日本与中俄之间的“缓冲地带”，日本必须联合美国防止中俄在该缓冲地带拥有军港、航空基地和导弹基地等；五是中国在成为巨大市场的同时，还正走向必须加以防范的军事大国。上述的荒谬观点，已经成为日本遏制中国和平发展的重要理念，并成为日本政府制定海洋战略及政策的指导方针。

总之，日本刻意划分、制造“海洋国家”与“大陆国家”及对立，大有将钓鱼岛和东海“中间线”作为主权线，把南海和印度洋作为利益线，行遏制中国“走出去”的战略意图。尤其是安倍上台执政以来，重拾“自由繁荣之弧”策略，推行“价值观外交”路线，注重日本同欧美关系，强化对东南亚的外交力度，构建所谓“民主海洋国家联盟”，将“价值观外交”的矛头指向中国。安倍频繁往返东南亚各国，四处渲染“中国威胁论”，游说菲律宾等国加强海洋安全合作，不断混淆国际视听，已严重损害了中日关系及东亚地区的安全环境。

独家问答

1. 提问：日本首相安倍晋三就历史问题曾发表谈话，是否与日本传统的军国主义思想历史渊源有关？

吕耀东：安倍在谈话里所透出来的意思就是否认军国主义的侵略历史。安倍是山口县人，山口是历史上德川幕府长洲藩属地，也是日本军国主义者山县有朋的家乡。安倍发表演说前几天，他回到山口县老家，我想，他是在那里汲取了精神力量来进行这次谈话的。历史上长洲藩出身的山县有朋、伊藤博文和田中义一等军国主义者都是主张侵略中国的，日本的军国主义思想和政策就出自于他们。安倍作为一个典型的长洲藩后裔，对于军国主义侵略历史采取否认的态度。安倍拿自己的历史观来诠释日本政府的历史认知，他在日本国会说过“侵略未定”这样一个观点，这与其长洲藩出身的历史渊源有很大的关系，这也是在为其二战甲级战犯的外祖父——岸信介“洗刷污名”，进行历史大翻案。目前在日本社会也提出来各种各样的历史修正主义观点，日本政府更是推波助澜，大做文章。在强势的保守主义政党自民党重新获得政权后，安倍以首相的身份，把自己的保守主义政治思想和历史观，通过合法程序转变成国家的历史观，这就是安倍发表的“8・14”谈话。我想，安倍所做的一切，与其家族根深蒂固认同军国主义的历史观有很大的关系。这次安倍谈话中，用所谓“那场战争”的说法，回避战争的侵略性质，为从此以后不提侵略战争，否认侵略战争进行定调。但是，历史是篡改不了的，日本发动军国主义侵略战争是铁的事实，这已经被东京军事法庭审判所认定。但是，这也说明安倍的错误历史观，在日本整个政界将产生长远负面影响。

2. 提问：美国在多大程度上能控制日本的外交，靠什么来控制日本的外交。

吕耀东：我们从日本外交的对外政策理念看得很清楚，日美同盟就是日本外交的基轴，日本所有的外交布局必须考虑日美同盟关系，要听取美国的意见，要看美国的态度。我们看现在日本的一些外交理念，包括安倍出台的所有内外政策，就是要强化日美同盟关系。在同盟里，日本要实行集体自卫权，就是当美国军舰受到攻击时，不论日本是否受到攻击都要予以还击，至于是否关系到日本的“存亡危机事态”，都是由安倍首相来界定的。美国通过《美日安全保障条约》和《美日防卫合作指针》等“战后体制”来控制日本。目前日本也需要美国，借美国的便利之船出海，力求成为所谓正常国家。但是，日本也有摆脱美国的声音，追求日美同盟关系所谓“对等性”，鸠山由纪夫就是这样观点的代表人物。他提出，要求驻日美军撤离冲绳岛，要求美国的军事基地搬迁到冲绳岛外。这样在美国来看是改变战后体制的企图，是绝对不允许在日本政坛出现的。正是因为他对抗了美国在亚洲的既得利益，因而被迫下台。他的外交政策是要与美国谈对等性，但美国人肯定不干，这样既满足不了冲绳民众的意愿，又加上美国人的挤压，终于被迫下台。可见，美国对于日本的控制非常强，通过《日美安全保障条约》控制日本。例如，在1960年《日美安全保障条约》重新修订的时候，日本的一些民众举行大规模的抗议游行，觉得这是对日本主权的继续侵害和继续控制，但是岸信介政府还是依靠自民党在国会的优势得以通过。岸信介的目的还是借船出海的外交意图，即确立日美同盟关系，实现日本在同盟中的不断壮大。这样，日本的安全就要交给美国保护，一个国家的安全交给另一个国家保护，可见美国对日本外交的影响是非常大的。如今，我们看到日本的美国驻军到处都有，最集中的地方是在冲绳，现在冲绳美国驻军搬迁问题，当地老百姓上街游行愈演愈烈，对于老百姓的诉求，日本和美国中央政府置之不理。现在的美日同盟关系，不仅仅渗透于军事领域，在外交领域、政治领域的控制也是很强的。尤其安倍解禁自卫权、突破宪法的政治右倾化，总有一天，当日本对美国人真正说不的时候，那就是日本脱离美国控制的那一天。但是。日本现在没有力量改变美国的控制，只能忍辱负重，首先把“和平宪法”改掉，成为所谓正常国家。现在安倍虽然支持率有所下降，但是他还下不了台，因为日本保守势力支持他，我们不要只是看媒体宣传的那些上街游行抗议的表面现象。

3. 提问：中国和苏联、美国同为二战的战胜国，为什么到现在，日本只怕美国和俄罗斯，不怕中国？其次，现在中国媒体报道安倍支持率不断下降，是不是说，安倍下去会上来一个新首相，上来的首相会改弦更张。

吕耀东：中国、美国、苏联是战胜国，日本只怕美国和苏联而不怕中国的说法在日本是存在的。这是与历史上日本的国际价值观、对中国态度变化有关的。从古代来讲，日本从中国文化中得到文明进步发展，但从近代以来由崇尚中国文化，到贬低中国，侵略中国。日本思想启蒙者福泽谕吉的“脱亚入欧论”，深入日本社会及其国民的思想。近代以来，通过一系列对周边邻国屡屡得手的侵略战争，确立了其狂妄的民族优越感，由此，其无视中国全民抗战的伟大历史事实，就成为必然。不管日本人怎样想怎样说，我们中国人必须坚信抗战的伟大历史作用，正是中国全面抗战所开辟的东方主战场，牵制和消灭了大量的侵华日军，才有力促进了世界反法西斯战争的伟大胜利。第二个问题，新的自民党首相将来会上来，但是民主党短期内是很难上台执政的。日本最强势的是自民党，而且是自民党右派，也就是对华强硬派占主流，所以目前来看其对华政策暂时不会改变。即使上来其他首相，安保领域的强硬态度也不会比安倍弱。我觉得从目前日本右翼保守派正处于强势来看，对华友好的政治人物上台当首相的可能性不大。

4. 提问：日本的政要和一些民众参拜靖国神社，首相也参拜靖国神社，对于战犯的祭拜，我们中国当然应当抗议。但我们国家也应有一个祭拜自己的祖先和为国家民族牺牲的英烈的纪念馆。现在我们的纪念馆是分散的，是零散的。在我们自己的国家建设一个祭拜民族英烈的大型国家纪念馆，对增强民族的凝聚力是非常有意义的事，使群众祭拜民族英烈更具有仪式感。

吕耀东：因为我常去日本，我一个最大的感受是，日本人对于自己民族文化的那种坚守是我们现在应该关注和借鉴的。我到过日本一个地方大学——皇学馆进行文化调研，皇学馆主要研究天皇和神道教的文化，日本人把大和民族发祥的祖宗放在最优美的人文和自然环境中。伊势神宫供奉着“天照大神”，一些神职人员的古朴服装营造出日本历史的悠久，显示出非常神秘的样子，那个地方古树参天，日本很多人前来参拜，每年元旦后日本天皇和首相都要来参拜，说明日本举国上下非常重视这件事情。那次文化调研，我的感受是很深的。我也去过黄帝陵，还有很多表现中华文明的地方，大多是带有现代式样的建筑，没有像日本保有原木色彩的建筑，没有那种历史感和庄严感。我们有几千年的中华文明，我们也可以把民族自己文化的传承地建成符合历史感，符合有中华文化特点的地方。

还有一点，日本老在说参拜靖国神社是表达对祖先的敬畏和感恩，是日本民族的传统。但你把沾满中国人民、亚洲人民鲜血的甲级战犯放在里面，以国家首相名义去参拜，美其名曰为了自己的民族文化，我想整个亚洲的受害国都不会答应，我们中国人绝对不认同这个牵强的借口。日本政坛有人曾经说过，可以分祀，把甲级战犯分出来，但一些日本保守政要以靖国神社不干为由拒绝。目前日本首相以个人名义参拜，很难让中国乃至国际社会想象，作为一个首相去参拜是个人行为。所以这样一种行为是故意刺激亚洲邻国的，故意没有把中日关系放在眼里才这样作的。如果换作日美关系，如果美国说去参拜靖国神社就是恶化美日关系，安倍还敢去参拜吗？如今安倍不去亲自参拜靖国神社，也是美国不希望看到日本和韩国这两个盟友关系恶化，而绝不是中国抗议的结果，我们必须头脑清醒。安倍以民族文化作为参拜靖国神社的借口，还妄言中国不应反对。这就让日本民众错误地认为我们反对日本民族文化，因此反感中国的情绪日益增强。安倍成功利用了日本民意达到他的政治目的，也彻底恶化了中日关系。这就是安倍的险恶用心。安倍谈话的核心意思是，我一贯遵守历届内阁的历史态度，但是还是受中国和朝鲜的挤压，特别是韩国的挤压，我只好答应了他国提出的“无理要求”。安倍反而赢得了日本民众对他的同情，或者支持。所以他不停地利用自己营造的所谓民族传统文化，来赢得选票，为自己出台安保法案找借口。在这一点上，他屡试不爽，达到了他的政治目的，而中日关系却被恶化了。中日关系不是我们希望好就会好起来的。

我们是一个文明古国，历史上我们国家为自己民族解放牺牲了那么多人，我们应该有一个集中祭奠的场所以利于长远的民族化纪念。我们要挖掘传统文化，以我们民族独到的方式纪念我们的先烈，我觉得这是我们下一步必须做的事情。谢谢！

5. 提问：在中日关系趋冷、趋恶的状况之下，中国到日本的游客不减，越来越多，而日本的游客到中国却越来越少。安倍作为一个首相，他这种右倾保守政策在日本国内的民众基础是一个什么样的情况？

吕耀东：您提到一个现象，我们游客去日本的很多。我想，去的主要原因是，一来是日元的大幅贬值有利于出游日本；再一个原因是我们中国人终究要“走出去”的。我们从国内的旅游走向国外是近年来的事情。我们的视线首先投在东南亚，新马泰，然后是韩国，随后是日本。大家的思路是这样的，去日本有时候也是一种下意识的选择而已。去了日本的很多人都说“日本真好，改变了我对于日本的态度”。我个人认为，其实大家还应该有下一句更好，即“我们也要这样做”。日本公共交通非常好，公共秩序非常好。日本人把私人空间与公共空间分得很清。在地铁里，即使有大量空座，日本人一般不把自己的包放在空座上，而是放在自己的膝盖上。

在日本人看来，公共空间是共有的，而非私人空间，不能随便占有。当我们的游客发现日本这些优点以后，回国就如是说。我们的国民确切看到了一些日本人的优点，既然看到了，为什么不去做呢？我们是文明礼仪的古国，我们却遗失了不少优秀传统，“遗失”到这些周围国家的日常生活里了。我们从到日本旅游的过程中，可以将他们保留的好东西捡回来，变成自己的实际行为，这是我们的游客去日本从文化上应该学习的。还有一点，关于马桶盖现象的出现，其实“中国制造”并没有比他们日本的差，事实上很多日本卖的马桶盖都是中国大陆产的。

我在日本的时候，日方问韩国同学去不去大阪城的时候，他们明确说，因为大阪城是丰臣秀吉的城堡，他把我们朝鲜半岛伤害太深，我们坚决不去！我说，我代表中国留学生也不去！日本人让留学生体验日本文化，穿和服，所有韩国同学举手表示不穿。我觉得韩国人在民族情感方面是分得很清楚的。这反映出来一个民族的信仰和价值观，对民族原则性的坚守，表明他们对民族的惨痛教训是铭记于心的，我觉得这个国家对于历史的态度是明确的。我们应该反思我们的近代史教育，因为现在日本肆无忌惮地篡改侵略历史，原因就是在于，这一段历史在我们国内已经淡化了，我们一些国人选择了消费主义、历史虚无主义。一个曾被侵略、苦难深重的民族，我们不记住自己的耻辱历史，就等于自毁长城。我深有体会，在日本社会否认军国主义侵略思潮日盛，日本社会有些人认同安倍的历史修正主义言行，说什么日本是亚洲民族的解放者。事实上，日本侵略者取代了老牌荷兰、英国和美国殖民侵略者，更加残暴统治东亚殖民地人民。我们中国人有责任把日本侵略者的残暴性展示给其他国家，让世界知道日本侵略者十恶不赦的罪行。我们不要期盼欧美国家对于历史有责任感，因为他们和日本在历史上同是殖民主义侵略者。况且，美国为了在亚洲的既得利益，采取现实主义是必然的。我们要有历史责任感，我们要承担起记忆日本殖民主义和军国主义侵略历史的责任，我们要挺起这个脊梁骨来。

台湾问题的历史回顾与未来走向

王在希

全国台湾研究会副会长。毕业于南京国际关系学院。曾任总参谋部局长、驻外武官、中共中央台办国务院台办副主任、海峡两岸关系协会副会长。长期兼任中国国际战略学会高级顾问，国防大学、浙江大学、厦门大学、中华文化学院兼职教授。著有《台海形势回顾》《台湾问题与中华民族复兴》等书。

一、台湾问题的历史形成及发展变化

台湾问题是20世纪40年代国共内战遗留下来的一个历史问题，是中国的内政，从1949年历史形成到现在68年了。

新中国成立后，党中央毛主席原本打算1950年进行准备，1951年解放台湾。当时华东军区宋时轮上将的九兵团已开始进行夺岛训练。1950年6月25日朝鲜战争爆发，6月27日美国为防止大陆武力攻台，派遣海军第七舰队开进台湾海峡，阻止大陆对台军事进攻。同年10月25日，由于战火烧到鸭绿江边，中国政府被迫派遣志愿军入朝作战。美国政府继续干预中国内政，使中国失去了一个解决台湾问题的重要机会，致使台海两岸出现长期分离的局面，形成了今天的台湾问题。

1953年7月朝鲜战争结束，党中央毛主席还是谋划在适当时机收复台湾。结果1954年12月台湾当局与美国正式签订了一个所谓《共同防御条约》，台湾被置于美军的保护之下。由于当时我海、空军力量比较薄弱，难以对台实施大规模两栖登陆作战，解放台湾一事只好暂时搁置。

1955年，毛主席为了测试一下美国军事“协防”台湾的底线，决心攻打一江山岛。这是我军历史上第一次陆海空三军联合作战，由当时华东军区参谋长张爱萍指挥，打得非常顺利。蒋介石闻讯后十分震惊，决定将大陈岛守军连同岛上2.8万居民全部撤回台湾。撤军时，蒋介石要求美军派舰艇护航。美军害怕与解放军发生正面冲突，引发新的中美战争，通过苏联外长莫洛托夫向中国政府斡旋。毛主席从战略全局考虑，同意国民党军队从大陈岛撤退，不予追击。

一江山岛战斗之后，整个浙江外海的敌占岛屿全部收复，台海地区的军事态势和战略格局再也没有出现新的变化。

1958 年的金门炮战，并非是要解放台湾，而是在一个特定的国际背景下、为达成某个政治目标展开的一项特殊军事行动。当时美国政府逼迫蒋介石“放弃金马、划峡而治”，搞“两个中国”。蒋介石对此坚决不同意。毛主席获悉这一情况后，决定对台湾的蒋介石进行某种策应，通过金门炮战来突显台海两岸仍处于国共内战状态。毛主席在 1958 年 8 月 18 日中央军委一个报告上明确批示：“准备打金门，直接对蒋，间接对美。”金门炮战充分显示了毛主席高超的军事艺术和政治智慧。1958 年 10 月 25 日起改为单日炮击。1961 年 12 月停止实弹射击，改为打宣传弹。（1978 年中央提出和平统一对台方针后，1979 年元旦宣布停止对金门炮击。）

1962 年台湾国民党军队曾企图军事反攻大陆。当时中国国内形势比较严峻，一是中印边境刚打完一场自卫反击作战；二是中苏关系全面恶化；三是大陆出现持续三年的严重自然灾害，全国各地出现粮荒。蒋介石认为这是千载难逢的机会，企图从东南沿海军事反攻大陆。当时我们一方面公开揭露蒋介石的图谋，另一方面进行全国总动员。美国获悉这一情况后，反对蒋介石对大陆进行军事冒险，后来蒋介石只好作罢。在 20 世纪五六十年代，毛主席、周总理在谋划对台军事斗争的同时，也一直在争取国共谈判、和平解决台湾问题，提出“一纲四目”等对台方针政策。

1966 年，长达 10 年的“文化大革命”爆发，台湾问题再次被搁置。但毛主席到晚年心中始终牵挂台湾问题。1975 年 4 月 5 日，蒋介石在台湾病故。毛主席当时在杭州，中办的同志把此情作为一个“特大喜讯”报告毛主席，毛主席听了后面无喜色，脸色凝重地对身边人员说：“走，我们回北京。”毛主席为什么对蒋介石去世忧心忡忡呢，此前毛主席在内部讲过这样一句话：台湾还是在蒋介石手里，我比较放心。毛主席立即返京，是要研究蒋介石死后台湾局势会如何演变及应对之策。

1975 年底，毛主席在中央军委一个文件上最后一次就台湾问题作重要批示：“解放军要做到一声令下，能够立即出动。”这说明毛主席直到临终前，还在思考解决台湾问题。

1978 年三中全会之后，邓小平同志提出“和平统一、一国两制”的对台基本方针，并提出“两个寄希望”（寄希望于台湾当局，寄希望于台湾人民）。当时邓小平通过秘密渠道与蒋经国取得联系，希望蒋经国在有生之年，认真考虑解决两岸统一的问题。小平认为，蒋经国在台湾当时的体制下，只要肯拍板，实现和平统一是有可能的。

1985 年 9 月 20 日邓小平在会见李光耀时说，台湾只要蒋经国在，我们还有共同点，都认为只有一个中国。如果蒋经国不在了，台湾就有可能出现独立倾向，出现“两个中国”问题。所以我们不能承诺“不使用武力”。1988 年 1 月 13 日蒋经国在台湾突然病故，李登辉上台，台湾果然慢慢地滑向“台独”。

在“两蒋”时期，尽管海峡两岸一直处于剑拔弩张的军事对峙状态，但双方在坚持一个中国问题上立场一致，两岸之间斗争本质上是法统之争，是民族内部矛盾。李登辉上台后，随着他的权力地位逐步巩固，他的“台独”本质也就充分暴露出来。两岸之间斗争的性质已经变为统独之争，是敌我性质的矛盾。

李登辉上台后，在岛内大力推动政治民主化和政权本土化，建立“两党制”和“总统直选”制度，在体制上为“台独”作了精心准备。2000 年民进党陈水扁成为台湾地区领导人后，“台独”势力迅速扩张。由于陈水扁贪污腐败，天怒人怨，2008 年台湾大选，国民党马英九高票当选。但毕竟台湾的大气候、大环境已经发生变化，天时、地利、人和都不在国民党一边。在台湾 2300 万人口中，大陆籍只占 12%，台湾本省人占 88%。在“一人一票选举” 的体制下，国民党再也没有优势。加上国民党从马英九之后放弃了统一目标，走向衰落也是大势所趋。

台湾问题 60 多年来迟迟不能解决，有其复杂的政治、军事、历史及地缘上的各种原因。但美国对台湾问题的长期干预，既是形成台湾问题的重要原因，也是两岸统一的最大外部障碍。美国以及日本如此重视台湾地区，与台湾地区的重要战略地位有关。美国一直把台湾视为一艘“永不沉没的航空母舰”。台湾一旦与大陆统一，美国在西太平洋防御锁链的中心环节就断裂，日本的海上生命线就被切断，中国海军将轻易地前出太平洋三百海里，美国对中国的战略包围和军事遏制就会被打破。这就是美国千方百计控制台湾、阻挠两岸统一的深层原因。

二、2016 年年初台湾“大选”基本情况分析

2016 年 1 月台湾地区领导人选举后，台湾的政治格局和力量对比发生重大深刻变化。主张“台独”的民进党赢得选举，使得“台独”分裂活动再次成为现实的危险，台海局势更加复杂多变，两岸关系和平发展面临严峻挑战。

台湾这次“总统”选举，民进党蔡英文以 689 万票、56.1% 的

得票率胜选，其得票率与2012年马英九得票相当。关键是国民党朱立伦得票大幅减少，只有381万张。泛蓝阵营的朱立伦和宋楚瑜两人相加比蔡英文还少150万票。主要原因：一是“首投族”的选票大多投给了民进党，二是过去属于国民党“铁票”的军公教人员，这次因马英九取消他们的福利待遇而拒绝投票。

另外，这次“立法委员”选举，在113个席位中，民进党获得68席，国民党仅获35席，时代力量党5席，亲民党3席，无党派2席。60多年来泛蓝在台湾“立法院”的优势地位被打破。

国民党此次选举惨败的主要原因在内部，从某种意义上讲是自己打败了自己。

一是国民党这八年在岛内政绩不佳。八年来，马英九除了改善两岸关系方面有亮点，岛内施政乏善可陈。尽管台湾经济在世界金融危机情况下保持了低速增长，但由于分配不公，财富主要落入大中财团手里，多数民众八年来收入没有明显增加，生活未能明显改善，对社会的不满情绪日益强烈。加上民进党乘机大造舆论，攻击丑化国民党马英九“无能”。国民党失去民心，要求换个党做做看，在选举社会是一种常态。

二是国民党内部分裂不顾大局。马英九就职后，与党内大佬等一直内斗不断。尤其是马、王之争，牵动国民党全局，最后是两败俱伤。朱立伦出任党主席后，党内团结情况未能改善。朱立伦想与马英九切割，使得朱、马这两股党内最大势力无法合作。这次选举看不到国民党与民进党候选人之间的激烈交锋，看到的是国民党乃至整个“泛蓝”阵营的内斗。

三是国民党在选举操作上明显失误。2015年1月朱立伦接任党主席之后，本来是应该有机会翻盘的，可惜他过于算计，错失良机。如果朱立伦一开始就勇于担当，亲自出马，“御驾亲征”，拿出破釜沉舟、背水一战的勇气，团结全党营造出一种气势，提出耳目一新的政治主张，让选民重新看到国民党的希望，完全有可能改变“九合一”选举后的不利态势。但朱立伦却反复表态不参选2016，党内其他几位实力派人士如吴敦义、王金平等也迟迟不表态参选，结果导致洪秀柱出场。洪秀柱原本只是想抛砖引玉，结果弄假成真。由于洪秀柱在党内的辈分、声望不够，又缺乏大型选举经验，因此民调一直偏低。直到临近投票，国民党才决定由朱立伦替换洪秀柱。临阵换将是兵家大忌，败选自然是预料之中。

四是台湾年轻人多数倒向“泛绿”阵营。这次选举台湾新增选民 180 万，他们的投票取向在这次选举中起了关键作用。由于李登辉、陈水扁 20 年推行“去中国化”“台独化”教育，加之国民党不重视做年轻人工作，使得台湾年轻一代对民族的认同感出现巨大偏差。他们崇尚西方民主自由价值观，有强烈“台湾主体意识”，被民进党利用。另一方面，国民党确实是全面老化，支持者中老年居多。国民党这一劣势在“立委”选举中暴露无遗，许多国民党资深候选人，如郝龙斌、丁守中、林郁方等，都被名不见经传的年轻人击败。

五是美国因素对此次选举的影响。由于历史原因，美国对台湾政局包括选举具有很大影响力。美国在台湾问题上有两条底线，一是确保台海和平稳定，二是防止两岸走向统一。其战略目标是不统、不独、不战，维持分裂现状；把台湾作为美国手中的一个重要筹码，用来遏制中国发展强大、和平崛起。陈水扁就职时，由于不听美国劝告，制造台海紧张，并企图把美国拉下水，最后为美国所不容，转而支持马英九就职以缓和台海局势。但后来美国发现马英九与大陆走得太近，两岸关系太热，在钓鱼岛、南海问题上完全与大陆立场一致，又出现担心和疑虑，转而支持民进党蔡英文就职，以冷却两岸关系过热的势头。2015 年 5 月蔡英文访美，美国高规格接待，实际上已表示认可。

2016 年 4 月 20 日，美国众议院一致通过《再度确认“台湾关系法”与“六项保证”为美台关系基石》的决议案，这是美国国会首次将里根政府 1982 年提出的“六项保证”列入法案，也是在蔡英文“5·20”就职前送的一份厚礼。核心有两条，一是美国不会设定终止对台军售的日期；二是美国不会改变对台湾地区主权的立场，即不会正式承认中国对台湾地区的主权。

三、民进党蔡英文就职对两岸关系的影响

2000 年民进党是在国民党没有做好充分准备的情况下侥幸胜选的，当时“泛蓝”在“立法院”还控制三分之二多数，可以有效制衡民进党。这次民进党上台情况不同，不仅掌握行政大权，而且控制“立法大权”，是“全面执政”，因此麻烦更大。

蔡英文“5·20”就职演说，没有接受体现一个中国原则的“九二共识”，只是轻描淡写地表示未来她将维持两岸关系现状；在“中华民国现行宪政体制”下，推动两岸之间交流对话等。

蔡英文的所谓“维持现状”，实质是维持“台湾独立”的现状。民进党认为，“台湾已经是一个主权‘独立’的国家”，只是还没有正名，暂时叫“中华民国”，等待时机，将来再慢慢改为“台湾共和国”。据民进党前主席谢长廷透露，蔡英文认为大陆推动和平统一是要改变台湾现状，马英九改善两岸关系也是改变现状，只有

摆脱大陆，即摆脱对大陆经济上的依赖、军事上的威慑、外交上的束缚、文化上的影响，才能维护“台湾独立”的现状。马英九讲的维持现状，是要维持目前“不统、不独”，将来“可统可独”的现状。他和蔡英文说的“维持现状”也有很大不同。

据此分析，蔡英文的维持现状，就是经济上慢慢摆脱对大陆的依赖，军事上建立自己精干的防御力量，外交上更加密切与美、日的同盟关系，在岛内建立“反共、反中、反统”的民意支持，使两岸和平统一遥遥无期。所以蔡英文的维持现状，完全符合美国、日本的战略意图，紧密配合美国的亚太再平衡战略。

但蔡英文就职后面临两个难题：一是两岸关系，二是发展经济。在初期她不至贸然挑衅大陆，会尽力稳住两岸关系，原因有二：一是两岸关系和平发展已成为台湾主流民意，也符合美国利益，蔡英文不可能也没有必要加以反对。二是蔡英文就职后的当务之急是发展经济。而台湾经济的发展，一下离不开大陆。过去八年两岸实现“三通”直航、大陆观光客入岛，建立两岸经济合作机制，这些对台湾经济复苏起到重要作用，台湾是最大受益方，蔡英文同样不可能反对。如果未来台湾经济不景气，蔡英文很快就会丢失选票。

蔡英文就职后不会改变其“台独”分裂路线。1999 年李登辉抛出臭名昭著的“特殊两国论”，她就是策划者之一。未来蔡英文的大陆政策是：“维护台海分裂现状，坚持两岸‘一边一国’，有限推动两岸交流，谋求台湾和平分裂”。具体做法玩弄两手策略：一方面通过打“宪政牌”“中华民国牌”，稳住国民党，稳住美国，也企图稳住大陆。另一方面会不断推进“文化台独”“教育台独”和“去中国化”活动。

总的来看，蔡英文当局的两岸关系将由热变冷，台海局势不确定因素会增多。具体变化：

第一，海协会与台湾海基会之间的制度化协商会再次中断。因为两岸协商是以“九二共识”为基础，鉴于民进党不可能承认“九二共识”，而在这一重大原则问题上我们也无法退让，因此两会协商会中止。

第二，国台办和台湾陆委会联系沟通机制中断。因为双方缺乏政治互信，没有共同政治基础，这个机制不可能继续。包括两岸之间的热线也可能名存实亡。

第三，两岸民间交流的规模可能会压缩，层次可能降低。大陆游客会递减。尤其是省部级以上入岛交流可能会大大减少，一些敏感领域的交流会变得比较困难，入岛举办活动可能会受到更多限制。

第四，两岸在国际社会的斗争会更加突出。过去8年，在一个中国原则基础上，我们在台湾“国际空间”问题上作了一些灵活处理，两岸在国际社会基本相安无事。蔡英文就职后，国际社会的涉台斗争、矛盾纠纷会增多。

第五，由于民进党的“台独”言行，两岸双方的舆论战会此起彼伏，分裂与反分裂的斗争将日趋尖锐。但一般情况下，两岸关系尚不至回到陈水扁时代那种激烈对抗的局面。

目前对蔡英文有利因素有：

（1）台湾的民情民意（主张“不统不独，希望维持现状，惧怕与大陆统一”）对她有利，使蔡有机会挟持所谓“民意”对抗大陆。

（2）民进党在台湾已获得一定优势，“三分天下有其二”，（台湾22个县市，民进党掌控13个，“立法院”实质过半），使蔡英文有了实力和底气。

（3）国民党仍未实现团结，在“立法院”已成少数，对民进党不能实现有效制衡。

（4）由于岛内近两次选举民进党都大获全胜，党内温和务实派要求调整大陆政策的动力减弱。

（5）在国际上蔡英文得到美国、日本的鼎力支持。

蔡英文是李登辉精心培植、具有长期政治历练和“台独”理念的政治人物，尽管她表面温和，其实她的“台独”立场比陈水扁还坚定。她会吸取陈水扁的教训，由“激进台独”改为“柔性台独”，更难对付。

四、台湾政局未来发展趋势

台湾这次大选，对台湾岛内政局发展而言，可能是带有转折性的。传统的“蓝绿”基本盘已经松动，原来的两大党力量对比已经失衡。台湾政局将呈现“一大一中、几个小党并存”的局面，各种政治势力有可能重新分化组合。

从台湾岛内政治生态来看，台湾民众面对大陆的迅速崛起和台湾向下沉沦，普遍产生一种迷茫、恐惧、焦虑的情绪，弥漫着一种害怕统一的心理。他们想借助民进党和美国来抗拒统一。要和平不要统一，似乎成为当前台湾社会的普遍心态。

国民党在台湾将进入一个关键的盘整期。国民党 1949 年去台后，一直存在三大顽疾：一是僵化不改革，二是腐败不廉洁，三是分裂不团结。当前的国民党主席，一个很大问题就是在坚持一个中国和两岸统一问题上旗帜不鲜明。一个没有纲领、没有理想、没有目标的政党，自然不会有出路。

当前国民党面临三个难题：一是内部不团结，省籍之间矛盾日益突出。二是政治上失去党魂，导致党内思想混乱。三是接班人出现断层，党员队伍全面老化，严重不接地气，不得民心。

3 月 26 日国民党正式补选洪秀柱为党主席，她能否带领国民党走出困境，避免国民党分裂，任务十分艰巨。但国民党作为台湾政坛上一支重要力量，在相当一个时期内不会消失。

值得注意的是，国民党内部出现“去中国化”苗头。不少人错误地认为，国民党要在台湾得到多数选民的认同，必须把“中国”二字去掉，改成台湾国民党，或简称国民党。未来国民党不排除再次出现分裂。一旦国民党去掉“中国”二字，等于宣告其不再坚守一个中国立场，中国国民党就彻底改变性质。

民进党的政治转型在短期内依然比较困难。民进党是一个派系共治的政党，同时是一个有“台独”理念的政党。目前民进党以蔡英文为代表的第二代已控制局面，创党元老、“四大天王”正逐步淡出，赖清德、林佳龙、苏嘉全、郑文灿等一批中青代已经脱颖而出。

总的看，民进党在逐步放宽与大陆接触交流，也认同两岸关系和平发展，但短期内要其认同“九二共识”，承认一个中国，比较困难。目前蔡英文主张“维持现状”，采取模糊政策，淡化“台独”色彩，走一条“缓独”路线。

台湾年轻一代在政坛上的影响力日益增大。李登辉、陈水扁 20 年推行“去中国化”“台独化”教育，在台湾年轻一代已明显产生效果。从 2014 年“太阳花”学运到“九合一”选举，台湾年轻一代的作用日益突显，影响力越来越大。这次台湾大选以年轻人为主体的时代力量党一下子获得 6% 以上选票、五个“立委”席次，成为台湾第三大党。与老一代相比，年轻一代的中国意识和民族情感比较淡薄，“台湾主体意识”浓厚，政治立场偏向“泛绿”。蔡英文趁机宣传“台湾年轻一代是天然台独”。台湾年轻一代的发展动向值得高度关注。

五、新形势下对台工作的几点思考

这次台湾岛内政局出现的变化，对我们而言是危机也是转机。

对民进党卷土重来，我们既要高度重视，也无须过于忧虑。我们要有战略自信。海峡两岸的综合实力对比，尤其是军事实力，与16年前陈水扁时相比，已经完全不同。台湾的经济总量，已经从20年前相当于大陆的三分之一下降到现在的二十分之一。台湾的军费20年前与大陆不相上下，目前大陆已经是台湾的15倍。大陆对台经济上、军事上都已占据绝对优势，“台湾独立”已经没有可能。两岸关系的主动权在大陆一方，台海局势总体上是可控的。

针对台湾岛内局势的变化，我们可冷静思考，总结过去十几年我们对台工作的经验，从战略全局来谋划彻底解决台湾问题的长远安排，以我为主，着眼长远，利用矛盾，谋定而动。

以下是个人几点不成熟的浅见：

一是对解决台湾问题、实现祖国统一应有一个整体规划和战略性安排。实现两岸统一可以没有时间表，但必须要有紧迫感。党的十八大后，习近平总书记已经提出实现中华民族伟大复兴中国梦的宏伟目标。复兴中华有两个核心内涵：一是发展强大，二是祖国统一。解决台湾问题，实现祖国统一，最终靠的是包括军事实力在内的综合实力。我应确立与实现中国梦相吻合的、分阶段实现统一的总体目标和战略性安排。

二是正确理解邓小平同志关于和平统一的论述。小平同志1978年提出“和平统一”对台方针，有特定的时空背景，有明确的前提条件。而且小平同志提“和平统一”，都是和“不放弃武力”联系在一起，是完整的一句话。要全面正确理解小平同志提出的“和平统一”与“不放弃武力”的关系。中国历史上下五千年，有文字记载的三千年。历史上有过二十八次内乱，九次大统一，和平统一尚无先例。历史将证明，统一也许可以“不战而屈人之兵”，但和平统一必须以武力作后盾，“以武促谈，以武促统”。“武备”做得越好，和平统一的希望就越大。

三是把大力争取台湾民心作为衡量对台工作成绩的主要标准。《孙子兵法》说过：“攻心为上，攻城为下。”党的第二代、第三代领导人也一直强调“寄希望于台湾人民”的方针。争取台湾民心是目前我们对台工作的最大难点，也是重点，各项对台工作都要把争取台湾民心作为出发点和归宿，要把大家的思想真正统一到中央的对台大政方针上来。

四是要把做好台湾年轻人的工作列为重中之重。台湾年轻一代将决定台湾的未来。现在台湾年轻人受到“台独”势力的严重误导。这次选举国民党失败，民进党获胜，都与是否得到年轻人支持有关。我们要利用现在两岸民间大交流的机会，扎扎实实做好台湾年轻学生的工作，要真诚地和他们交朋友。在这方面大陆还是有各种资源，有我们的优势，关键是要认真地去做，要持之以恒，要注意方法。

当前，台湾问题正处于一个重要节点上，两岸关系面临着走什么道路的选择，实现祖国统一任重道远。我们既要有信心，又要有耐心。

党中央的对台大政方针是非常明确的，即坚持一个中国原则和祖国统一目标毫不动摇，当前要尽力维护两岸关系和平发展局面，大力争取台湾民心；尽最大努力争取实现祖国和平统一，同时做好随时粉碎“台独”分裂图谋的各种准备。

我们一定要立足当前，着眼长远，深刻理解中央的对台大政方针，认清形势，扎扎实实做好各项对台工作，为实现祖国统一奉献我们的心力。

晚清军事变革启示

舒　健

国防大学战略教研部副教授，军事学博士，空军大校军衔，军队优秀专业技术人才岗位津贴获得者。长期从事军事历史和战争战略理论的研究与教学，目前主要研究中国近代战争史、军事变革史。多次被派往国外担任军事教官。先后参与完成国家级、军队级重大课题十余项，独立撰写《战争召唤》《晚清军事变革》《华南抗日纵队》等著作十余部。

晚清是指从1840年鸦片战争爆发，到1912年2月12日清帝被迫退位约72年的时间。晚清时期的社会转型，对于文明悠久的中华民族来说，为千年来未有之巨变。在那个日新月异的时代里，各种新事物、新现象层出不穷。其中，军事变革是萌发最早的一个领域，是中国人迈出古代传统、走向世界的一份记录。

这场军事变革虽然取得了一定成就，但却未能完成其“自强御侮”“救亡图存”的历史使命，究其原因是多方面的，教训也是多方面的。但无论是成功的经验，还是失败的教训，都是一份值得珍视、可供借鉴的历史遗产。

一、缺乏忧患意识致使清王朝错失两次战略机遇期

（一）天朝大国从上到下毫无忧患意识，临近历史岔路口而不觉

鸦片战争以前，中国至少在表面上是世界上最令人敬畏的帝国。当时，清朝疆域东至大海，西到今巴尔喀什湖和帕米尔高原，南至南海诸岛，北到戈尔诺阿尔泰、萨彦岭，东北到外兴安岭、鄂霍次克海，西南至广西、云南、西藏。全国人口比包括俄国在内的整个欧洲还要多。

在中国人所知的有限世界内，像现在南亚、东南亚、东亚、中亚等地区的很多国家，几乎都是中国不同程度上的附庸。乾隆时期，藩属体系进入全盛期，清政府宣称属国高达四十余个。当然，真正意义上的属国主要有七个：朝鲜、琉球、越南、南掌（今老挝）、暹罗（今泰国）、苏禄（今菲律宾苏禄群岛）、缅甸。其他国家或地区只是在经济、文化上与中国关联较多，政治关联较少，谈不上

乾隆皇帝，清朝入关后第四位皇帝，与康熙皇帝、雍正皇帝一起开创了中国封建王朝的最后一个盛世——“康乾盛世”。

是真正的属国。

在这样的时代背景下，作为一个中国人，不可能消除以自我为中心的优越意识，不可能不对中国以外的文化，都采取一种轻蔑和傲慢的态度。无论是统治阶级还是普通民众，都以生于天朝大国而自豪，沉浸于历代在东方的光荣地位，对潜在的危机毫无警觉，缺乏加强军备和军事变革的紧迫感。魏源在《圣武记》所描述的天朝大国“一喜而四海春，一怒而四海秋”，正是当时统治阶级的傲慢心态。

但是，当中国处于康乾盛世之时，东西方正进入历史的岔路口。

从 17 世纪中叶开始，欧洲一些国家开始资产阶级革命。在民主政治和科学技术的推动下，整个社会开始飞跃发展。尤其是到了 18 世纪中叶，这些国家开始掀起工业革命浪潮，进入了近代军事发展史上的狂飙突进时代。

1793 年，英国特使马戛尔尼率领庞大的英国使团，带着欧洲最新的科技、军事成果来到中国。马戛尔尼前后送给乾隆皇帝的礼物中，有蒸汽机、天体运行仪、地球仪、英国最先进的“君主”号战舰的模型、榴弹炮、迫击炮、卡宾枪、步枪、连发手枪、赫歇尔望远镜、秒表、帕克透镜、热气球等几百件先进的科技或军事成果。

当时，虽然中国在国防和军队建设上与西方相差两百年左右的时间，但经济上比较繁荣、政治上相对稳定，正是接纳西方先进文明进行变革的历史时期。

令人遗憾的是，与西方对于军事技术的喜爱近乎到了狂热的地步相比，清廷对这些礼物不屑一顾。据著名历史学家特拉维斯·黑尼斯三世考证，清廷“蔑称这些礼物不及中国产品，因此将这些礼物堆放在一间厕所里”，或者仅仅作为珍品、玩具收藏，根本没有想到其中的科技含义及军事价值，从而失去了尽早进入军事近代化历程的绝好机遇期。在第二次鸦片战争期间，当英法联军打进北京，洗劫圆明园时，英国人发现了一些 18 世纪的产品还完好无损，包括两架英国制造的马车、天文仪器、一把英国手枪，两门榴弹炮上面还刻着“沃尔维奇 1782（WOOLWCH 1782）”的字样。这些都是当年英王乔治三世献给乾隆皇帝的礼物，由马戛尔尼带到中国。

这是一个重文轻武的民族，也是一个享乐奢靡的国度，英国人很快发现了这一点。20 多年后，即 1816 年，曾随父参加马戛尔尼使团的小斯当东，因为当年发现中国并不喜欢各种先进火器，在为阿美士德使团拟定的送给皇室、官员的礼品清单里，只有香水、千里镜、呢绒、玉石、美酒、画像、镜子、瓷器、玉石、白布、玻璃烛台、灭火水车等日常奢侈用品，火器已不见踪影。

就在清王朝茫然不觉之际，欧洲列强从南北两个方向，逐渐形成了对中国的战略包围。

在中国以南，西欧海洋帝国主义越过南亚挺进到东南亚，并开始窥视中国。早在 1514 年，葡萄牙人就从马六甲出发来到中国广东珠江口外的屯门岛，开始对中国进行了一系列的侵略活动；1808 年，英国军舰攻打澳门炮台；1824 年，英国的船只在台湾地区沿海游弋、测绘；1832 年，英国派遣武装商船测绘中国沿海地形，搜集沿海驻军人数、军事设施等情报。1831 年到 1838 年，英国传教士郭实腊到中国沿海侦察至少十次，对当时清军的腐败和防务的松弛十分了解。郭实腊说："如果我们是以敌人的身份到这里，整个中国的抵抗不会超过半小时。"

在中国以北，沙俄越过乌拉尔山，扩占西伯利亚，并逐渐向太平洋挺进。鸦片战争前夕，俄国接连派人到黑龙江流域地区搜集情报，为进一步侵吞中国领土作准备。

对此，马克思有一段精彩的评价："一个人口占世界三分之一的幅员辽阔的帝国，不顾时势，仍然安于现状……极力以天朝尽善尽美的幻想来欺骗自己，这样一个帝国，最终要在一场殊死搏斗中死去。"

（二）鸦片战争的失败没有唤醒昏昏沉睡的清王朝，使中国早期军事近代化再被延误了整整 20 年

鸦片战争是英国为打开中国市场大门，借口中方销毁鸦片，于 1840 ~ 1842 年间派兵入侵的战争。战争以中国失败并赔款割地告终。这场战争使东西两个帝国发生正面大碰撞，揭开了中国社会大转型的序幕。战争爆发后，道光皇帝找来大臣问："究竟该国地方周围几许？所属国共有若干？其最为强大不受该国统属者，共有若干？又英吉利至回疆各部，有无旱路可通？平素有无往来？俄罗斯是否接壤？有无贸易相通？"清王朝统治者对外界可以说一无所知，一场战争能有多少胜算呢？

鸦片战争虽然打了两年多的时间，但英国远征军前后也就两万左右参战，而且很多是来自印度的雇佣军。清政府先后调集十多万

1840 年，鸦片战争爆发，腐败的清政府在战争中一败涂地。

军队参战。清军几乎每战必溃，先后有一名总督、两名提督、七名总兵以及数千名士兵死于战争；而英国远征军在鸦片战争中死亡约500 人，但据英方统计真正阵亡人数却不足百人，其他大多数人都是病死的。因此，面对中英双方的巨大差距，鸦片战争确实对中国起到了一定的警醒作用。自古以来朦胧一团的“泰西”，展现在中国人眼前的第一个形象就是坚船的迅速、利炮的声势。对于中国来说，这场战争是一块界碑，它铭刻着在英国大炮的逼迫下，古老的中国社会蹒跚地走入了近代。

新时代已经露出了曙光，给了中国走向世界的一个机会。但是，鸦片战争结束以后，统治阶级并没有真正觉醒过来，认为战争起因是外交处置不当引起的偶然事件，没有认识到这是西方列强向东方扩张的必然趋势，没有意识到中国正面临前所未有的威胁，更没有认识到战争失败是由于双方全方位差距所造成。

其实早在鸦片战争前后，林则徐等少数开明人士不顾个人安危，曾上奏道光皇帝，陈述国家安全正面临的严重威胁，希望朝廷有所作为。但是，道光皇帝在林则徐的奏折上朱批道：“汝云英夷试其恫喝，是汝也效英夷恫喝于朕也。无理，可恶！”清廷一些大臣也讥讽林则徐不务正业。琦善曾攻击林则徐说：“我不似林总督，以天朝大吏，终日刺探外洋情事。”

更为荒唐是，个别大臣竟然认为英军的战斗力是因为“光棍”的缘故。当时，朝廷大臣耆英参与中英《南京条约》谈判。回到京城后，道光皇帝问耆英：“逆夷接仗之际，所带夷兵，何以能使有进无退？”耆英回答说：“英夷武官四十以内不娶妻室，兵丁亦然，是以无所顾瞻，临敌争先。”道光批曰：“可恶之至。”

因此，鸦片战争结束后，除了极少数人之外，整个民族继续在麻木与愚昧中昏昏沉睡，以致晚清军事领域的真正变革，直到第二次鸦片战争后才真正开始，使中国早期军事近代化再被延误了整整二十年。这一延误使军事改革不是在“最佳时机”发生，而是在内忧外患的“最坏时机”发生。近代历史学家蒋廷黻曾说：“从民族的历史看，鸦片战争的军事失败还不是民族的致命伤。失败以后，还不明了失败的理由努力改革，那才是民族的致命伤。”

1842 年，战败的清政府被迫与英国签订《南京条约》。

二、军事变革从萌芽到发展均受制于“例”

（一）“祖宗之法不可变”，守旧的中国人认为没有变革的必要

鸦片战争的失败促使中国一些爱国知识分子在比较中思考。当时，以林则徐、魏源等人为代表的晚清军事变革先行者，通过对西方的了解和对中国军事落后的反思，提出了“师夷长技以制夷”的军事变革思想和“器良、技熟、胆壮、心齐”的建军思想，这标志晚清开始了近代军事变革的艰苦跋涉。

但是，近代中国是被大炮轰出古代社会，很不情愿地踏上近代化历程的。晚清军事变革在早期很难发育起来，此中原因非常复杂。但是有一点值得注意，那就是要让守旧的中国人承认有变革的必要，那是非常不容易的。小平同志曾说，如果从明朝中叶算起到鸦片战争，中国有几百年的闭关政策，如果从康熙算起，也有近二百年的闭关自守，把中国搞得贫穷落后，愚昧无知。清末时期，美国传教士明恩溥曾把中国比喻为一个立方体，稳如磐石，很难倾覆。即便倾覆，不过转动一下而已，内外依然如故。

一件事情是否可以做，对于西方来说，近代方法论早已发展起来，其中之一便是看能否与客观实际相吻合。而中国的方法论是“祖宗之法不可变”，或者到圣人经典中去寻找依据。因此，在最初“妄自尊大、因循守旧、盲目排外”的社会里，林则徐和魏源等人的军事变革思想很难得到社会的认同。“师夷之长技以制夷”被认为是“以夷变夏”，威胁了中国的政治安全和文化安全，遭到士大夫阶层的强烈抨击。

在后来的洋务运动期间，主张学习西方的总理大臣奕䜣被称为“鬼子六”；总督丁日昌被称为“丁鬼奴”；中国第一位驻外外交官“郭嵩焘”，由于他极力倡导全面向西方学习，遭到全国上下的声讨。他是湖南人，但“湖南人至耻于为伍”。在中国近代化进程中，保守思想往往打着民族主义、爱国主义或捍卫华夏传统的“高尚”幌子，让改革派在政治上、道德上处于孤立或劣势的地位。

（二）守旧思想顽固束缚，重武器装备和军事技术发展，编制体制、作战方式等却无进步

军事变革怎么变，有一个随着战败实践的发展、认识不断深化的过程。但只是在第二次鸦片战争之后，清政府才开始真正进行军事变革，其中一个原因就是不到黄河心不死。

在第二次鸦片战争期间，当英法联军从东南沿海一直打到天津、北京时，清王朝统治者才意识到，帝国面临的威胁不仅仅来自亚洲内陆，“重陆轻海”的战略思想遭受猛烈冲击。

当僧格林沁的三千蒙古铁骑，对数百英法联军发起几个冲锋，只剩下几个人回来后，“弓马定天下”的理念被彻底粉碎。

沙俄趁火打劫侵占100多万平方公里，圆明园被英法联军劫掠一空，更是以血与火的形式告诉中国人当时的使命：中国必须近代化，特别是军事上的近代化。

面对当时险恶的形势，李鸿章发出了两个著名的慨叹“数千年来未有之变局”“数千年来未有之强敌”——高度概括了国家安全的空前严峻性。

因此，晚清军事变革之所以于第二次鸦片战争后真正启动，思想观念发生重大转变是重要原因之一。这种转变打开了晚清军事近代化的闸门，开始了以军事近代化为中心的洋务运动。

此后，晚清国防和军队建设经过30年左右的发展，在陆军火器化、建立近代海军、创办近代军事工业、革新军事教育等方面都取得了比较大的成就，并在某些领域呈现出“彻底性、开拓性、先进性”等特点。特别是海防建设，代表了洋务运动期间军事变革的最高成就。从1874年日本侵略台湾引发清廷第一次海防大讨论，到1888年北洋舰队正式成军，清王朝建立一支规模宏大的海军只用了十几年的时间。

但是，统治阶级依然抱着旧传统不放，特别是士大夫阶层，他们真诚地相信中国传统的文武制度具有战无不胜的力量。即使作为洋务派领军人物的李鸿章也照样认为：“中国文武制度，事事远出于西人之上，独火器不能及。”

因此，第二次鸦片战争后，尽管掀起了轰轰烈烈的洋务运动，但改革派在旧观念和旧势力的束缚下，虽然敢于部分破除旧传统，却又不敢触动封建旧根基，致使武器装备和军事技术的发展取得了较好的成绩，但在编制体制、作战方式等方面却少有进步和创新。

为什么解放思想如此难？美国汉学家兰比尔·沃拉曾说：“只有牢记伟大的中国传统，我们才能理解中国变革的时间进程。”因为中国悠久的文化传统既是民族的骄傲和崛起的基础，同时也是需要付出巨大努力才能超越的历史惰性。后来清廷推行“新政”时，慈禧太后也承认：“误国家者在一私字，困天下者在一例字。”“例”指的就是因循守旧。

清王朝统治阶级直到遭受甲午战争的惨败后，才痛下决心全面变革整个军事体制的。但如果从第一次鸦片战争算起，历史已经前进了半个多世纪。

三、塑造军民尚武气质推动晚清军事变革

（一）甲午战争使晚清军事变革由“师夷”走向“变器”，由“变器”走向“变道”

甲午战争是中国近代史上影响极为深远的一场战争。战前，很少有人会预料到，堂堂天朝大国经过几十年军事变革后，会输给“蕞尔岛夷”。

但是，过去被中国看不起的学生日本，在经过一代人的努力之后，却无情地击败了自己的老师。因此，甲午战争对中国的刺激相当大，几乎所有人都觉得“败得不甘心，败得不光彩”。

悲痛之余，人们开始全面、长久的反省与思考，内容涉及装备技术、军事体制、战略战术、官僚体制、偶然因素、地理环境等许多方面。从此，晚清军事变革开始超越物质层面，进而从政治文化层面来探索中国军事落后、战争失败的根源，由“师夷”走向“变器”，由“变器”走向“变道”。所谓“变道”，主要包括政治军事制度、文化传统等方面，政治上的主题是“变法”，文化上的主题是“尚武”。

“尚武”的本义是“提倡、重视与军事、战争或武术有关的事”。但是，广义的尚武，还包括一个民族、国家或集团不甘屈服和落后，自强不息的态度和行动。

“尚武”在各国的军事变革中本不是一个问题，但对于传统上“重文轻武”的中国来说，却是当时军事变革中不得不正视的一个问题。

甲午战争惨败之后，很多中国人奔赴日本学习、考察，探求中国失败之因或进步之路。1906 年，留日学生已达到一万人左右，其中军事留学生约占 20% 左右。这批学生到日本之后，感觉到了中日文化的强烈反差。他们认为中国失败的原因可能有很多种，但国民国防意识淡漠、军人战斗精神缺乏、长期“重文轻武”文化传统是其中重要原因。

当年，梁启超看见日本军营新兵入伍、老兵退役交替之际，场面非常热烈。而最震撼其心魄的，还是其中为新兵题写的标语——“祈战死”。梁启超感慨道：“中国历代诗歌皆言从军苦，日本之诗歌无不言从军乐”，“何相反之甚耶！”他还指出：“立国者苟无尚武之国民、铁血之主义，则虽有文明，虽有智知，虽有众民，虽有广土，必无以自立于竞争剧烈之舞台。”

自鸦片战争以后，面对帝国主义的侵略，当时的中国存在两种根本对立的观点。“主战”观点认为，帝国主义非常强大，反抗极其艰难。但是，为了国家独立、民族生存，只应该誓死抵抗，不应该苟且偷生。中国虽落后，但地广人多，只要前仆后继，坚持到底，最后必然能够取得胜利。既走一条“抗击—坚持—胜利”的道路。“和戎”观点则认为，中国远远落后于西方，以武力反抗必遭失败，求和是实事求是的负责态度，是真正

梁启超（1873–1929），字卓如，号任公，近代思想家、政治家、教育家。

“爱国”，而主张抵抗则是不负责任的“蛮干”。因此，最为明智的策略是放弃武力抵抗，尽早与侵略者签订和约，然后集中全力搞军事近代化，等赶上西方以后再跟他们较量。即走一条“和局—自强—御侮”的道路。

但是，通过对鸦片战争以来反侵略战争史的考察，很多人意识到，以“和”为主的策略根本不能保证民族的和平与安全。因为“和戎”道路首先需要解决一个问题：积贫积弱的中国，靠什么来争取和局?

最初，晚清统治者采取签订“和约”的方式，希望通过有限度地牺牲一定的国家利益来换取和平。但这完全是一厢情愿。每次大量主权或经济利益的损失，换来的是帝国主义更大的贪婪、更大的侵略。最初仅仅只有英国侵略中国，后来沙俄、法国、美国、日本等国家接踵而至，最后迎来八国联军入侵北京。

（二）尚武强军大兴，军人和军人文化从社会的边缘，逐渐进入社会变革的中心

如何才能提高军人甚至全民的尚武意识?

当时有识之士的做法是，一是鼓吹战争意识。蓝天蔚认为：“畏战之国，其国必受战祸。戒杀人者，人攘夺其国。”壮游认为：“闻战则喜，战死而相与贺，国未有不雄者。”

蓝天蔚和壮游都曾经留学东瀛，对日本尚武文化的感受非常深刻。他们认为战争是文明的阶梯，没有如火如荼的战争，也就没有社会和文明的进步。这种对战争的崇拜固然很偏激，但从结果上看，实际是对中国传统战略文化的矫枉过正，其目的则是为了民族的救亡图存。

二是极力讴歌军人。国家处于危难之境，军人的担当精神尤其重要。蔡锷所著《军国民篇》影响极大，其中谈道：“国家之干城，国民之牺牲，天下之可尊、可敬、可馨香而祝者，莫兵若也。”

美国学者鲍威尔曾说，晚清时期中国军事近代化过程中，遇到的最大困难是军人地位低下，军事职业缺乏吸引力，军队难以吸收优秀人才。而军人素质的低下，又是军队战斗力衰落的根本因素。因此，提高军人地位，塑造一个掌握近代军事知识体系的、新的社会精英阶层，成为当时大多数人的共识，也为军事近代化注入了生机和动力。

三是倡导兵魂国魂。1899 年 12 月 23 日，梁启超在《清议报》上发表题为《中国魂安在乎》一文说：“今日所最要者，则制造中国魂是也。中国魂者何？兵魂是也。有有魂之兵，斯为有魂之国。”当变革社会需要一种震撼国民心灵以激发民族奋进的力量时，尚武爱国的军人精神与军人形象往往成为合适的选择。当时的有识之士试图以尚武爱国的“兵魂”作为陶铸国魂的基石，再通过全民尚武的环境来进一步塑造兵魂，从而使兵魂国魂相互激荡、互相促进，形成朝气蓬勃的国民性格。

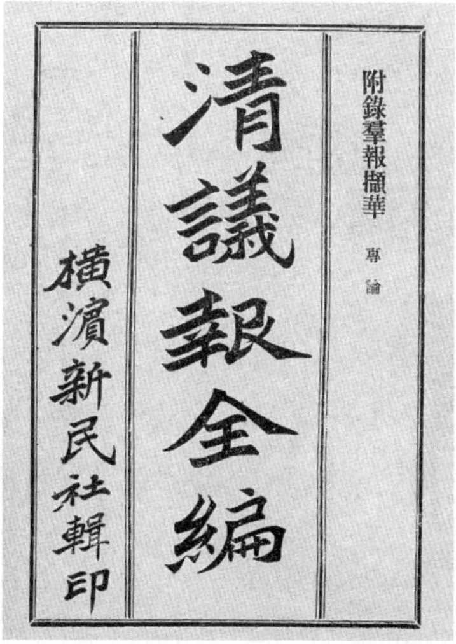

《清议报》是晚清立宪派所创办的一份宣传立宪思想主张的刊物。

四是加强国民教育。一些知识分子把“尚武”精神遗失归为教育问题。蔡锷曾翻阅日本小学生课本，发现其中有很多关于爱国尊皇、海陆战事、军舰炮弹等方面的内容，

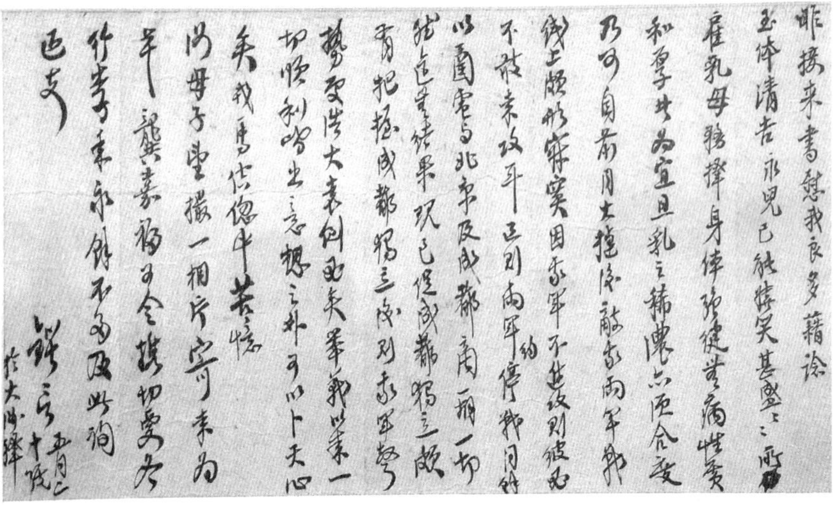

蔡锷1916年5月20日所书：《致妻潘惠英的家书》。

其用意在于把学生“养成军人性质于不知不觉之中”。反观中国，当小学生正处于“体魄与脑筋发达之时”，却天天“授以仁义礼智，三纲五常之高义”“或读以靡靡无谓之章词，不数年遂使英颖之青年化为八十老翁，形同槁木，心如死灰。受病最深者，愈为世所推崇，乃复将其类我之技，遗毒来者，代代相承，无有已时。”在爱国尚武思潮的影响下，中国的国民教育有了很大变化。

1906年3月，清王朝学部在《奏请宣示教育宗旨折》中提出：“欲救其弊，必以教育为挽回风气之具，凡中小学堂各教科书，必寓军国民主义，俾儿童见而习闻之。国文、历史、地理等科，宜翔述海陆战争之事迹，绘画炮台兵舰之图形，叙列戎穷边绝域之勋业；与音乐一科，则恭辑国朝之武功战事演为诗歌，其后先死诸臣尤宜鼓吹，以励其百折不回视死如归之志；体操一科，幼稚者以游戏体育发育其身体，稍长者以兵式体操严整其纪律，而尤时时勖以守秩序，养威重，以造成完全之人格。”学生要求着制服，其式样系仿军服而成，军事训练甚至包括进行步枪实弹射击等课程。

当时全国上下如火如荼的尚武强军思潮，对晚清军事变革产生了很大的影响。以尚武为核心的军事精神，诸如勇敢善战、诚实无欺、守纪服从、民族主义、爱国主义等逐渐蓬勃发展起来。一些军人开始摆脱自卑，他们感觉到多灾多难的中国，最需要的就是军人，最需要的正是军人的阳刚之气。

这个阶段，军人和军人文化从社会的边缘，逐渐进入社会变革的中心。尤其是一代青年知识分子参与军事的热情迅速高涨，军事职业在人们心目中的价值判断逐渐提高，为军事近代化变革提供了一个良好的社会氛围，也对尔后相当长一段时间内的中国军事产生了深刻的影响。

但是，大多数军人包括普通国民，由于受日本军国主义思想的影响，过于强化军队和武力的地位与作用，缺乏进步的民主、共和思想作为基础，也没有先进的理想和信仰作为引导，从而导致这场军事文化的变革未能全面、彻底、健康发展，对后来的历史产生了一些消极影响。后来出现的军事强人拥兵自重、军阀混战现象与此也有一定关系。

四、各方利益处理不妥导致军事变革效果受损

（一）保守派改革派为各自利益相互掣肘，清廷不排解反利用矛盾进行牵制

美国史学家杜普伊曾说：“上次战争中的一代军人，他们习惯于那些陈旧的武器装备，以及与之相适应的过了时的军事思想，他们正是靠着这些装备和思想飞黄腾达的。”

晚清军事变革反对派的思想之所以保守，固然是由于其观念落后，同时也在于他们是旧体制的受益者。当时，传统的正规军八旗和绿营早已习惯弓马骑射，按照近代化的标准，首先需要整顿的就是他们。

洋务运动期间的军队编制体制变革之难，就因为要打破大大小小旧军人的铁饭碗。洋务派每有一项新的举措，保守派总要跳出来设置障碍，导致一些改革进行不下去。

同样，军事改革派的思想之所以先进，固然因为思想观念超前，或者有理想和信仰，具有爱国爱军情怀，但部分原因也在于他们是新体制或新旧体制转换中的受益者。像李鸿章、左宗棠等洋务派人物，通过训练军队、购买武器、开办军事工业，使自己的势力得到极大扩张。这些内在的利益矛盾和冲突，决定了晚清军事变革的规模、速度甚至整个面貌。

由于新旧军事体制的转换，必然导致一部分人的利益暂时受到损失。如果没有给这些人找到合适的出路，尤其是没有安置好那些根本利益受到损害的群体，改革也不可能顺利向前推进。当清朝兵制由古代向近代转化的过程中，大量湘军、绿营士兵被裁减后，因缺乏相应安置措施而流入社会，后来引发了严重的社会问题。

对此，近代军事家蒋百里曾说：“无勇决之志者，不能开裁兵之先；无精密之智者，不能善裁兵之后也。”两者比较起来，有时后者更为重要。

同时，如果改革者得不到军事体制转型带来的实惠，军事变革也很难持续向前推进。对于大多数人来说，没有利益驱使，就没有持久的改革动力。

但是，一旦军事变革成为一个利益大蛋糕时，军事变革局面往往会产生严重的分散性。

蒋百里（1882–1938），著名军事理论家、军事教育家。

在晚清，由于改革派从本利益集团出发，相互拆台，各领域很难形成联合。无论是训练新式军队、创办陆海军学校，还是开办近代军事工业，都是各自为政。

更为重要的是，清王朝最高统治者不但不努力消除这些问题，有些时候还故意制造矛盾，以便于自己扶植一派牵制一派。

当年，曾国藩湘系集团势力过于强大，清廷就放任李鸿章淮系集团，使之与湘系集团抗衡；曾国藩去世后，清廷又支持左宗棠集团，使之与迅速发展起来的淮系集团抗衡；左宗棠去世后，清廷又扶植张之洞与李鸿章分庭抗礼。清廷采用的这种“平衡”，严重影响了军事变革的顺利发展。

波及全国的洋务运动虽然声势浩大，但由于政治斗争的影响，在中央没有形成一个强有力的领导，始终没有一个统一的规划、全盘的安排，致使晚清军事变革未能统筹规划、协调发展，取得应有的系统效应。

（二）个人利益与集体利益没有得到平衡兼顾，晚清军事变革未能突破“瓶颈”

在晚清，无论是洋务运动期间还是“新政”阶段，军事改革的参与者往往又是被改革的对象。在军事变革过程中，从慈禧太后到许多封疆大吏，都“恨不得一夜之间打造出一支新式的八旗部队”。但是，当军事变革的方案涉及自己利益时，这些人往往变得犹豫不决，甚至转化变革的否定者。

在这样的情况下，如何在个人利益与集体利益之间寻找一个平衡点，是任何一场军事变革需要突破的“瓶颈”问题。

马克思关于利益问题的完整表述是这样：“有一种心理学专门用细小的理由来解释大事情。它正确地猜测到了人们为之奋斗的一切，都同他们的利益有关。但是它由此得出了不正确的结论，只有‘细小的’利益，只有不变的利己的利益。”

现在很多人引用马克思这段话的时候，断章取义，只引用前半部分，不引用后半部分。马克思的本意是：一个人为利益而奋斗是没有错的，但关键在于利益不仅有个人利益，还应有集体利益，应该把个人利益与集体利益一致起来。

因此，一场军事变革的兴衰成败，不仅在于军事变革的参与者是否有魄力挑战保守派的利益，有智慧处理复杂的利益关系，还在于他们是否能够正确处理个人利益与集体利益的关系，进而营造出一种个人利益服从军队利益、国家利益的时代氛围。

总之，军事变革中存在错综复杂的利益关系格局不足为奇，古今中外都存在这个“瓶颈”问题。其关键在于如何既能打破旧体制，又能避免社会震荡；既能防止利益不均衡，又能防止改革不集中；既能维护国家利益、军队利益，又能照顾到个人利益，等等。只有突破这些困局，军事变革才能进一步深化和发展。

中华民族尚武精神的开掘与再造

赵　丕

军事科学院军事战略研究部原部长，少将军衔，中国军事科学学会战略分会和国际军事分会会长，中央军委改革领导小组专家咨询组成员。

有关中华民族尚武精神的话题引起热议，总的看集中在三点：一是从历史中探求中华民族尚武精神的兴衰；二是痛责尚武精神失落给我们民族带来的巨大灾难；三是呼唤中华民族重振尚武之风。任何一种社会思潮的出现，都是对当前时代问题的思考。1840 年鸦片战争以来，我们从来没有像现在这样接近世界舞台的中心。然而，行百里者半九十。最后的路程最难走，搞不好可能功亏一篑。中国希望和平崛起，但这并不完全取决于我们。与前些年比较，我国外部的战略压力陡然增加。而我们国家的内部，也存在着许多隐忧。在此天下大争之世，真正需要担忧的不是外部敌对势力的威胁，而是我们整个民族的精神状态。一个胆怯奴性的民族，只能永远匍匐在强势民族的脚下；一个阳刚血性的民族，才能雄踞世界民族之林。我们要准备进行“具有许多新的历史特点的伟大斗争”，必须把重塑民族精神视为极其重要的战略准备，而大力弘扬中华民族的尚武精神，无疑是一项重点工程。下面，围绕中华民族尚武精神的历史走向、主要内涵，以及怎样再造尚武精神讲述分析。

一、尚武是一个伟大民族的精神脊梁

尚武精神与一个民族、一个国家的兴衰成败息息相关。尚武精神高扬之际，往往是我们民族和国家处于进取、拓展之时；尚武精神萎靡之际，往往是我们民族和国家处于退守、沉沦之时。毛泽东曾言，我们中华民族有同自己的敌人血战到底的气概，有在自力更生的基础上光复旧物的决心，有自立于世界民族之林的能力。这是对中华民族尚武精神非常精辟的概括。

我们讲的尚武精神，是从整个中华民族的精神层面来考察的。尚武精神就其本来意义上讲，是指一个民族为战胜敌人必须具备的全部精神品质。有人认为，尚武，就是好勇斗狠的民风，就是恃强凌弱的霸道，就是崇尚暴力的嗜血冲动。历史上，曾经有过一些野蛮的好战民族，它们以杀戮、征服、奴役其他民族为荣，给整个世界带来了巨大灾难，也遭到了全人类的唾弃。而中华民族的尚武精神，是同仇敌忾、共赴国难的浩然正气，是血性阳刚、不屈不挠的坚定意志，是除暴安良、豪迈奔放的侠肝义胆，是整个民族奋发进取、自强不息的精神面貌。

许多人认为，中华民族的性格特征就是中庸，总体上是文弱的，不属于战斗民族之列。中华民族是不是一个尚武的民族？我认为答案应该是肯定的。在漫长的人类历史长河中，中华民族不但创造了辉煌的文化，而且也是世界上唯一一个从来没有中断的文明系统。诸如古巴比伦、古埃及、古印度，都曾达到过文化发展的巅峰，但由于外敌入侵、内部分裂等原因，这些古老文明都中断了。历史上还有许多声名显赫的大帝国，像亚述、波斯、亚历山大（马其顿）、罗马、阿拉伯、奥斯曼帝国，等等，都已灰飞烟灭。唯有中华民族，在经历了无数次灾难、无数场战争之后，仍然屹立于世界的东方，堪称人类历史的奇观。中华民族的尚武精神，起码是保证我们生生不息的一个重要原因。试想，如果中华民族本质上是一个懦弱胆怯的民族，就不可能在恶劣的自然环境中生存下来，不可能在外敌入侵时保存下来，也不可能在国家陷入分裂时重新统一起来，更不可能在激烈的竞争中保持广阔的疆域、统一的国家、独立的文明、繁荣的文化。因此，尚武精神可以视为我们民族的原始基因，是我们民族的生存凭证，始终流淌在我们民族的血脉之中。

反映中华民族尚武精神的历史记载浩如烟海。以古代史而论，大家比较公认的尚武精神张扬的时代：一是战国到秦统一时期，那是我们民族形成发展的青春期。大争之世，百家争鸣，气象万千。兵家的发达，远远领先于世界。社会变革加上战争需要，军事从贵族的专利变成平民的义务，尚武精神成为整个时代的风尚。战国七雄无不尚武，民风刚烈，猛士如云，其中又以秦国为首。秦从一个为周天子放马的西部小部族，不断发展壮大，最终完成统一中国的伟业，尚武无疑是一个关键因素。特别是商鞅变法，鼓励耕战，秦国的尚武精神达到巅峰。民之见战，如饿狼见肉。史书记载，秦人闻出征，欢呼雀跃，手舞足蹈。秦军高呼“赳赳老秦，共赴国难”的口号，视死如归，走向战场。秦赵长平之战，交战规模达百万之众，这种规模的战争，西方在工业时代才出现。二是汉代时期。汉代是一个开放进取的时代，是一个强盛尚武的时代，汉代人刚健、豪爽、自信、自尊的精神风貌对后世产生了重大影响。汉代人写的“捐躯赴国难，视死忽如归”“投躯报明主，身死为国殇”“男儿不惜死，破胆与君尝”等诗句，大将陈汤在奏折中写下“明犯强汉者，虽远必诛”的豪言壮语，都与西汉以来浓厚的尚武进取精神有关。匈奴袭扰中原达 400 年之久，到了汉武帝时开始强势反击，千里奔袭，扑灭边患，中国迎来了发展的黄金期。汉武帝对匈奴的反击，是中国历史上唯一一次农耕民族向游牧民族采取大规模深远攻势作战、并获得决定性胜利的战例。值得一提的是千古名将霍去病，抱着“匈奴未灭，何以家为”的壮志，敢于以少胜多，长途远征，屡建奇功，使中国疆域越过了西域。后人对霍去病多有赞誉，其实都是对汉代尚武精神的向往。三是隋唐时期。隋代虽然短命，但其结束南北分裂局面，奠定盛唐根基，实在是功不可没。隋朝尚武精

李靖，唐朝著名军事家。

神强劲，气势不输于秦汉，更有胡汉融合带来的雄风。隋人的诗句“单于渭桥今已拜，将军何处觅功名！”“横行万里外，胡运百年穷”，处处彰显那个时代的尚武精神。唐代前期，整个社会开放包容，尚武雄风高扬，唐军威名远播，出现了李靖、薛仁贵、高仙芝等一批名将，对外部势力始终保持进击态势。唐人写下的“宁为百夫长，不做一书生”“男儿何不带吴钩，收取关山五十州”“将军三箭定天山，壮士长歌入汉关”等诗句，充满了豪迈和自信。可惜，唐中期的安史之乱，过早结束了盛唐局面。

在我们民族的历史中，也有尚武精神缺失的时期。大家经常诟病的是宋代。宋养兵达百万之众，对外作战胜绩不多，更有澶渊之盟、靖康之耻。其实，宋代在中国历史上是一个被人们严重低估的年代，其在军事上也有可圈可点之处。岳飞、韩世忠、文天祥等宋代名将名士，至今仍被视为民族英雄。有的学者认为，宋代的运气实在是糟透了，遇到了像辽、金、西夏、蒙古等强大的外部势力。蒙古大军横扫亚欧大陆仅仅用了几年时间，而南宋就苦撑四十多年。还有襄阳之战、钓鱼城之战，这些令蒙古大军闻之胆寒的保卫战。南宋灭亡的标志是崖山之战，陆文夫背负小皇帝跳海，十万百姓赴死，这是何等气节！有人感叹，崖山之后无中国，竟让朝鲜、日本以中华正统自居。我认为，宋代尚武精神的失落，很重要的原因是统治者的失误。宋太祖吸取藩镇坐大的教训，加强对军事力量的控制，本来无可厚非。但把军事指挥搞成“兵不知将、将不知兵”，政治控制完全抑制了作战效能，国家军事系统就出大毛病了。

戚继光，明代著名抗倭将领。

明代开创时期，驱逐蒙元势力，再造华夏，朝气勃发。像徐达、常遇春等一批将领，建立了赫赫武功，更有郑和下西洋的伟业壮举。而承平日久，崇文抑武成为社会沉疴。文官尊贵，武官卑微，军人的社会地位低下。明代在武器装备建设上，曾经走到世界前列，明军大量装备了佛郎机枪炮。即使是比较弱的万历朝，也取得抗倭援朝等战争的胜利。但是，由于尚武精神的消退，军队战斗力越来越差，在内乱外患的双重压力下，中原政权再次被少数民族颠覆。南明晚期，出现过军事对峙的有利态势，明军尚有百万之众，满军八旗不过十几万。特别是有一批像史可法等坚决抵抗的志士仁人，但抗清力量在党争中消散。

中国近代史，是一个沉沦与奋发兼有的时代，更是奋发战胜沉沦的时代。1840年鸦片战争后，中国坠入积贫积弱、落后挨打的深渊。这是数千年未有之大变局，我们面临一个全新的文明系统。一方面是一批先进的中国人奋起抗争、救亡图存，另一方面是许多国人仍然昏睡在麻木不仁、精神萎靡的状态中。晚清时社会风气总

1915年12月，护国军出师前李曰垓、罗佩金、蔡锷、殷承瓛、李烈钧合影（左起）。12月15日，袁世凯宣布称帝。25日蔡锷等在云南组建护国军举兵讨袁。

体上还是崇文抑武，精英阶层的正途是科举之路。军人的来源除了世袭子弟，大多是游民、囚徒、市井无赖，军队成为边缘化的社会集团。鲁迅先生曾经痛责国民，哀其不幸，怒其不争。而清朝统治者推行的奴化教育，阉割了我们民族的高贵品质。晚清到民国，中华民族的思想启蒙，很重要的内容是重新恢复尚武精神。梁启超、黄遵宪、陈独秀、蔡锷等人当时写的文章，今天读起来仍然令人血脉贲张。梁启超先生在《论尚武》一文中说："尚武者国民之元气，国家所恃之以立，而文明所赖以维持者也。……立国者苟无尚武之国民，铁血之主义，则虽有文明，虽有智识，虽有民众，虽有广土，必无以自立于竞争剧烈之舞台……古希腊、德、俄、日本，此数国者，其文化之深浅不一辙，其民族之多寡不一途，其国土之广狭不一致，要其能驰骋中原，屹立地球者，无不恃尚武之精神。抟抟大地、莽莽万国，盛衰之数，胥视此矣。"那时还出现了一大批鼓励尚武精神的军歌，唱出了威武雄壮的强音。

百年衰败，一次又一次的丧权辱国，中华民族几乎到了亡国灭种的边缘；百年抗争，一次又一次的前赴后继，中华民族终于觉醒了。以毛泽东为代表的中国共产党人，使中华民族真正恢复了尚武精神。面对近代史上最凶恶的外敌，中国共产党在全民抗战中成为中流砥柱，经过艰苦卓绝的八年抗战，最终取得战胜日本帝国主义的伟大胜利。新中国建立初期，美国把战火烧到鸭绿江边。当时中国刚结束战乱，满目疮痍，百废待兴。面对美国这个世界头号军事强国，毛泽东毅然决定向强敌亮剑，抗美援朝，保家卫国。这场战争的胜利，打出了国威军威，奠定了新中国的国际地位，宣告帝国主义列强欺辱中国的历史一去不复返。

以上简要的历史回顾，我们可以得出一个基本结论，尚武精神关系到民族兴衰成败。尚武精神高扬之时，往往是我们民族处于强势、进取、拓展之时；尚武精神低迷之时，往往是我们民族处于弱势、退守、沉沦之时。尤其可贵的是，在遭到灭顶之灾的逆境中，我们民族仍然保留了尚武精神，保留着永不屈服的“势”，这就是再图振作、浴火重生的精神种子。

二、中华民族尚武精神的开掘与再造

中华民族的尚武精神，是以武止戈、捍卫和平的理念；是文武兼修的价值追求；是居安思危的忧患意识；是同仇敌忾、众志成城的凝聚力；是坚韧不拔的意志和深邃的战略智慧；是宁死不屈、舍生取义的信念；是不畏强暴、自强不息的铮铮铁骨。

经过数千年的锤炼，中华民族形成了源远流长的尚武精神。这种精神，既有世界上其他民族的一些共性特征，更有其充满人文光辉、理性智慧的独到之处。

（一）追求和平

中华民族的尚武精神，不是崇尚暴力，而是以武止戈。热爱和平，反对穷兵黩武，历来是中华民族的价值取向。古训讲，国虽大，好战必亡；自古知兵非好战。东西方文化的一个重大差异是，我们常常把战争作为国家政治的最后选项，而不是随意使用的政策工具。那些以杀戮为荣的所谓勇武民族，在人类文明形态上只能归于野蛮民族，终将被钉在历史的耻辱柱上。我们对战争的基本立场是，支持正义战争，反对非正义战争。吊民伐罪，解百姓于倒悬，王者之师也。《左传》中有一句名言："仁而不武，无能达也！"想主持正义、争取和平，如果没有武备实力作后盾，无异于痴人说梦。毛泽东讲，人不犯我，我不犯人；人若犯我，我必犯人。这是从政治层面诠释我党我军积极防御战略的要义，其实也是中华民族尚武精神的要义。

（二）文武兼修

中华民族从来不把尚武精神作为孤立的价值追求。孔子认为，有文事者，必修武备。文治武功，治国之道。就将领的武德而言，强调的是"智、信、仁、勇、严"，而不是仅仅培养赳赳武夫。在中国历史上，文人领军比比皆是。有人指责，是儒家把中华民族带入重文轻武的境遇，其实也是冤枉了儒家先贤。日本思想家新渡户稻造在《武士道》一书中说，"至于说到严格意义上的道德教义，孔子的教诲就是武士道的最丰富的渊源。……继孔子之后的孟子，对武士道也发挥了巨大的权威……他（孟子）的著作曾经长期成为禁书，尽管如此，这位贤人的言论却永远寓于武士的心中”。后世的儒家理论，已经被历代统治者推向荒谬的地步，以为可以通过道德修养实现天下太平的社会理想，武力被放在了可以忽略的位置。这是中华民族尚武精神衰落的重要原因。现在，我们重视从民族传统文化中汲取思想资源，出现了新儒家等思想流派，孔子学院也在走向世界。同时我们不要忘记，继承传统文化的正确态度是“取其精华，去其糟粕”。

（三）忧患意识

中华民族尚武精神的失落，往往是从淡化忧患意识开始的。古人讲，天下虽安，忘战必危；无敌国外患者，国恒亡；生于忧患，死于安乐。从历史上看，历代王朝建立的初期，往往保持强烈的忧

八国联军向北京进军。

患意识，经历战乱的洗礼，整个民族还保持着强悍的尚武精神。而到了中、后期，享乐之风盛行，精神萎靡，败象丛生。歌舞升平消磨掉民族的尚武之风，也消磨掉军队的作战意志。古罗马人在安逸的生活当中，逐渐丧失了尚武的美德，不再以服兵役为光荣义务，而把保卫国家的责任交给了外籍雇佣兵，于是罗马帝国的衰亡就无可避免了。黄炎培先生讲，其兴也勃焉，其亡也忽焉。这个周期率，其实也反映了忧患意识和尚武精神的关联性。对任何民族而言，在长期的和平环境中，保持忧患意识和尚武精神是一个极其艰巨的挑战。

（四）同仇敌忾

尚武精神必须凝聚起全民族的力量，形成排山倒海、凛然不可犯之势。国家的政治凝聚力，是整个民族尚武精神的基础。我们这个民族强盛时期，往往是政治清明、上下同心、众志成城；而在民

抗日群众组织起来平毁敌后根据地周围的封锁沟。

抗战时期，活跃在济南近郊的章历县武工队。

族衰败时期，往往是政治黑暗、上下离心、一盘散沙。外患愈急，内斗愈烈，根本构成不了有组织的整体力量。在面对外敌时，许多朝代不乏以死报国的壮士，不乏民间的抵抗力量，但都难以挽回颓势。原因何在？大敌当前，统治集团腐败不堪，苟且偷安，忠奸不分。将士浴血奋战，前方吃紧；官员醉生梦死，后方紧吃，这样的民族能战胜强敌吗？毋庸置疑，抗日战争时期，我们有许多可歌可泣的英雄，有许多气壮山河的血战。但是，中国也出了那么多汉奸。南京大屠杀等一系列惨案，敌人如此放肆地对中国人像对畜生一样蹂躏和屠杀，我们首先是要怒斥日本军国主义兽军的凶残，同时也要深深地反思。国军一些高级将领军事指挥的无能，把前方官兵驱入绝境，难道不应当谴责吗？而在敌人的屠刀面前，一些军人和民众连拼死一搏的勇气都没有，那才是真正的悲哀。

（五）坚韧不拔

中华民族的尚武精神是大智大勇。这种精神，有其内在的战略智慧，有其内在的坚韧性。我们在面临重大威胁时，反对莽撞蛮干，反对赌国家命运的浪战，不争一时高低，更不是一死了之。汉代初期，匈奴气焰嚣张，面对不利的战略态势，汉高祖等采取忍耐的策略，以积蓄力量，徐图克敌。到了汉武帝时期，特别是中原军队掌握了骑兵作战的全部要领后，开始了强力反击。慈禧太后主政时，同时向西方八国列强宣战，虽然很勇武，但于国势无补。毛泽东主张在抗日战争中实施持久战略，以空间换时间，积小胜为大胜，这是弱军战胜强军的高明战略。特别是敌后游击战的战略运用，形成人民战争的汪洋大海，创造了人类历史上全新的战争样式。只要我们永不屈服，谁熬得过谁，谁就是最终的胜利者。现在的中国，愿意和世界上所有的民族友好相处，建立合作共赢的命运共同体。但是，有敢犯中华者，有敢挑战我生存底线者，也要准备作百年噩梦。

（六）慷慨赴死

中华民族的尚武精神，集中表现在对待死亡的态度。民族生存的辩证法是，大家都不想死，整个民族就会灭亡；大家都去拼命，整个民族才能存续。我们的先贤无不倡导君子杀身成仁。以少数人的流血牺牲，换取整个民族的生存，是大仁大义大节。从中华民族兴衰成败的历史看，尚武精神高扬之时，民族的意志品质是宁死不屈；尚武精神失落之时，民族的价值取向是苟且偷生。岳飞讲过一句名言："文官不爱财，武官不惜死，不患天下不太平！"尚武精神的内核就是敢于流血牺牲。毛泽东时代那种"为有牺牲多壮志，敢教日月换新天""中华儿女多奇志，不爱红装爱武装""一不怕苦，二不怕死"的豪迈气概，是中华民族真正的尚武精神。我们一定不要忘记，今天中国的和平安宁，是无数先烈流血牺牲换来的。只要我们这个民族还有与敌人血战到底的气概，哪个外敌敢欺负我们。如果有一天，我们这个民族不敢搏命血战，那就离任人宰割不远了。

（七）自强不息

中华民族的尚武精神，说到底就是自强不息。中华民族生生不息几千年，经历了千百场战争，深深懂得自强是保证民族生存发展的根基。国家安全从来不是外敌的恩赐，卑躬屈膝换不来民族尊严。我们自身强大，包括物质实力和精神力量强大，任何外部势力都撼不动我们。必须指出，物质的富足，不代表一个民族的强大，精神的萎靡，是一个民族衰败的先兆。西方敌对势力对华推行西化分化战略，妄图裂我土、去我势，最终目的是驯化中华民族。在民族复兴的历史进程中，我们一定要守卫自己的精神家园。提倡尚武精神，要讲信仰，践行社会主义核心价值观，我们的灵魂深处应当是爱国的，关心民族的前途命运；要讲血性，我们的精神世界应当充满阳刚之气，要有铮铮铁骨，决不当亡国奴；要讲进取，决不要沉溺于享乐主义，决不要醒了几天又昏睡下去，我们要永远保持奋发昂扬的思想品质。

三、培养尚武精神的重要性

培育尚武精神，是党和政府的职责之要、当务之急；是人民军队的立身之魂、制胜之本、使命所系；是提升国家战略能力的坚实基础；是每个公民提升自身素质的内在需求；是整个社会增强昂扬向上正能量的动力源；是实现中华民族伟大复兴的重要精神支柱。

在中华民族伟大复兴的历史进程中，弘扬尚武精神是一个不可忽视的重大问题。改革开放三十多年，中国创造了经济增长的奇迹，经济发展速度大大超过了西方发达国家。中华民族的总体精神面貌是健康向上的，不输于汉唐气象，更有经略天下的气势。同时必须看到，我们在精神文明建设上存在不少问题，特别是尚武精神的某些缺失。现在，许多人奉行的是金钱至上，哪有什么为国牺牲奉献的准备。许多人根本不关心国防建设，甚至千方百计逃避兵役。面对歹徒光天化日之下施暴，少有人见义勇为，群起反抗，其麻木不仁令人齿寒。有人说，不肯向弱者施以援手的国民，怎么敢向强敌亮剑？更有人批评中国的一些男人，不像爷们，不那么有种，甚至已经女性化了。这种懦弱的精神状态，怎么能支撑民族复兴的伟业。关于再造尚武精神，许多同志谈了很好的意见。比如，加强舆论宣传，改造社会风气，重视国防教育，提高国民身体素质，强化习武之风等等。今天我想从宏观层面谈点个人看法。

（一）培养尚武精神是党和政府的重要职责

习近平主席讲，人民对美好生活的向往就是我们的奋斗目标。我理解，美好生活起码应当是太平生活。不仅仅是让老百姓过上小康日子，还要让老百姓过上平安日子。近代以来，中国战乱频仍，老百姓没过几天太平时光。新中国的建立，让中国人民从此远离战火，敌军的战靴再也不能踏上中国大地。这是中国共产党的历史功绩。保证国家安全，是党和政府重大的政治责任，也是基本的执政资格。最近，人大常委会通过《中华人民共和国国家安全法》，充分体现了习主席倡导的综合安全观，从十一个方面规范了国家安全任务，为国家安全提供了法律保障。从历史上看，如果国家领导集团丧失尚武精神，缺乏军事眼光，领导国防建设的能力不强，国家安全就面临极大的风险。现在，有一些地方领导干部，一门心思抓经济建设，不关心国家安全，不关心国防事业，武备意识几乎荡然无存。文武兼修，是古代士大夫的优良传统；军政兼优，也是我们党的优良传统。中国共产党是经历战争考验的政党，即使是从革命党向执政党转变，更不能丢掉看家的本事。中国要解决由大变强的历史性任务，必须把国防建设放到战略位置。我们的精神文化建设，应当注入阳刚血性的高贵品质，注入尚武图强的凛然气节。西方主导世界几百年，重要原因是强大的军事力量。欧洲贵族以从军为荣，王室成员也要服兵役，军队受到全社会的尊重。美国所以能充当世界霸主，与美利坚民族的尚武传统密切相关。美国以文人领军，有一大批精通国防事务的文官，有一大批研究国防问题的智库群体，整个社会形成了培养国防人才的良性机制，有些做法值得我们借鉴。

（二）培养尚武精神是军队的重大责任

世界各国军队都把尚武精神作为军队的魂魄。道理很简单，军队就是要随时准备打仗的。梁启超认为：“军人为兵魂之载体，无兵之魂则无国之魂，兵如国之血脉，其魂张则国强，其魂丧则国弱。兵魂与国魂共振，是荡涤腐朽习气、陶冶国民性格的动力源。”我军是中国历史上最好的一支军队，经历过残酷战争的考验，战胜了国内外各种强大的敌人，也经历了和平环境的考验，忠实地捍卫国家和民族利益，不愧为党培育出来的人民子弟兵。我军能否在和平环境中，始终保持准备打仗、能打胜仗的尚武精神，始终保持枕戈待旦的战斗意志，是一个非常严峻的挑战。古今中外许多军队都没过得了这一关，教训极其惨痛。党的十八大以来，习近平主席励精图治，从严治军，强调听党指挥、能打胜仗、作风优良，培养有灵魂、有本事、有血性、有品德的新一代革命军人，全军士气大振。这里，我也想呼吁一下，如果整个社会不尊重流血牺牲的军人，不敬重为国捐躯的烈士，军队就不可能保持强烈的荣誉感，而这是培育尚武精神的起码要求。瑞士军事理论家约米尼讲："假如在一个国家中，那些牺牲生命、健康和财产的勇士们，还不如那些包税者和大腹便便的商人，那么这个国家就一定是非常可悲的"。每一个社会成员都应懂得，在民族危难之时，有可战之将、有可用之兵，是国家之福、人民之福。鄙视保家卫国的军人，污辱报效祖国的英雄，其实都是自毁长城、自毁家园的愚蠢之举。

（三）培养尚武精神必须落到国家战略能力上

我们强调培养中华民族尚武精神，不是空喊口号，不能玩花拳绣腿。战争，不仅仅是军队在前方打仗，还要有整个国家战略能力的支撑。现在仍有不少人存在着 GDP 迷思，以为 GDP 的增长就是国家的强大，就是国家的安全。这里有很大的误区。从历史上看，GDP 对制止战争、决定战争胜负的作用实在有限。古代游牧部落，经常南下洗劫农耕民族，甚至颠覆中原政权，它们有多少 GDP？鸦片战争时，中国的 GDP 也远远超过英国，还不是被英国打败。没有战略能力的 GDP，就如没有筋骨的一堆肥肉，国民财富只不过是为外敌准备的大餐。机械化时代的战争，一般可以争取战争动员的时间。而信息化时代的战争，战略第一击的作用大大提升。美国正在大力发展全球一小时远程打击系统，开始实施第三次抵消战略，对我国家安全构成重大威胁。空天网一体的战略突袭，可能首战就是终战。而未来战争必然在前方、后方同时展开，考验着我们将综合国力转化为军事战力的总体能力。中国在极其困难的情况下，发展“两弹一星”，这是老一代人追求国家安全的坚定意志，代表了中华民族追求国家强盛的精神品格。美国的军工集团，历来被世人称之为唯利是图、唯恐天下不乱的军火贩子。平心而论，这个集团实际上有一帮具有战略头脑、超前眼光和强烈忧患意识的企业家，不断发展新的武器系统，强力主导军方需求，甚至引领世界军事潮流。美国人讲，商业技术 + 军事需求 = 军事革命。美国的国家安全目标有一条很明确，就是要永远保持对其他国家的军事技术优势。中国的企业家包括民营企业家，不仅仅要关心国防和军队建设，更重要的是，在各国战略能力的竞争中不当旁观者，决不能容忍支撑国家战略能力的核心产业、关键技术长期受制于人，要加入到保障国家安全的特殊战线中，这才是爱国尚武精神的表现。

（四）培养尚武精神应当成为全民族的自觉行动

尚武精神说到底，是整个民族的精神面貌，整个国家的意志品质，整个社会的内在活力。社会是军队的母体，社会风气深刻影响着军队。没有尚武精神的民族，哪能有尚武精神的军队？今天，虽然和平与发展成为时代的主题，但是，各国之间的战略博弈更加激烈，国际社会中弱肉强食的丛林法则并没有退出历史舞台。狮子与老虎可以商量和平，狮子与羊羔恐怕就没有这种平等。我们反对以大欺小、恃强凌弱，而道义的高尚必须建立在实力地位上。每一个社会成员，不论从事什么职业，只要具有爱国主义的情怀，具有保卫民族生存的意志，保持阳刚血性的品格，为富国强军作好自己应该做的工作，那就是我们民族的勇士。一个民族在军事上保持强势，不仅仅是要有强大的军队。蒋百里先生说："我于世界民族兴衰，发见一条根本的原则，就是'生活条件与战斗条件一致者强，相离者弱，相反者亡'。"古代游牧民族，生活组织与战斗组织合一，上马为兵，下马为民，长期保持了对农耕民族的军事优势。近现代的工业化国家，大工业生产方式创造了军队的作战方式，农业民族则被打得一败涂地，两种文明的政治、军事组织能力具有天壤之别。现在，我们已经进入信息化时代，整个社会的生产生活方式实际上都在支撑着未来的战争方式。必须看到，全球悄然兴起的网络攻防战，不仅仅是争夺网络控制权，更是以消融、摧毁对手精神意志为主要目标，实际上把我们民族每一个成员卷入到这场没有硝烟的战争之中。这是国家大战略的竞争，特别是意识形态的竞争。如果中华民族输掉这一仗，根本不用别人入侵，我们自己就垮了。

这里，我还想强调一点。中华民族的知识精英，要为尚武精神提供智力支持。近代以来，日本早有觊觎中华之心，为此进行了长期准备。日本知识界全面系统地研究中国，其水平远远高于当时我们对日本的认知。而中国经常是懵懵懂懂，既不了解世界，也不了解对手，这是我们近代屡战屡败的重要原因。我们决不能重演历史的悲剧。在此天下大争之世，我们的知识精英应当拿出智力担当，特别是重视研究对手，以敌为师，以敌为靶，在智力竞争中超过对手，才能使中华民族立于不败之地。

同志们，中华民族复兴之路已经进入攻坚阶段。前进的道路充满艰难险阻，决不会一帆风顺。我们必须为这场伟大斗争做好精神准备。我相信，在中国共产党的领导下，经过社会各界的共同努力，中华民族一定会再造反映时代特点的尚武精神，焕发出勃勃生机，重新走上世界文明的巅峰。

独家问答

1. 提问：应该怎样理解尚武精神与和平发展的时代特征呢？

赵丕：我们现在向全世界讲，我们要和平发展，现在西方认为你的国家到了老二的位置，以后为争夺霸主地位肯定要有一战。所以西方有一个词叫“修昔底德陷阱”。但是大家要记得，中国近代史，这么多年奋斗到这个地位，我们牺牲了多少烈士，死了多少人，光抗日战争就牺牲了3500万人，我们是付出了重大的民族牺牲走到这一步的。您刚才提的问题，实际上它是一体两面，我们越是想和平发展，就越是要倡导尚武精神，否则我们和平发展是不靠谱的，是可能被中断的。刚才讲我们要追求和平，但是仁而不武，无能大焉。越是强调和平发展，越要有强大的军事力量、精神力量，我们才能真正自立于世界民族之林。别人把刀架在我们头上的时候，我们如果连还手的能力都没有，那还有什么和平发展。所以我觉得越是和平发展，我们越是要强调军队要尚武，民族要尚武，我们要有保卫自己的意志，我们同时还要有保卫自己的决心和能力。

2. 提问：我们军队什么时候开始，军人在平时，或者公共场合不能着军装？我记得很多年前当兵的时候和我们党执政以前，军人的军装是人民群众感到安全的符号，是人民群众的信任和向往，是觉得安全的标志。

赵丕：我的印象当中，过去穿军装上街，没有很多的限制，当然除了一些特殊情况。现行的军人着装要求，是20世纪80年代，在编写《内务条令》的时候统一规定的，按照规定军人因私外出应着便装。但是你刚才也提出了一个很好的问题，今天人民群众还是很敬重和信任军人的，特别是在危难之际，有几个军人挺身而出，而且还穿着军装，就会形成凝聚力、号召力和震慑力。所以我认为，以后修订条例的时候是不是可以进一步研究一下军人怎么样着装更好。

3. 提问：优秀的传统文化、创新理论和尚武精神之间的关系是怎样的？

赵丕：这三个问题可以做一篇论文，我简单讲一讲。传统文化里边肯定孕育着我们的创新精神，同样也孕育了我们的尚武精神。我刚才讲的时候有一句话没挑开，尚武精神，这个民族不尚武，连保卫自己的能力都没有，你还能在这个地球上生存吗？！所以我们中华民族生生不息几千年走过来，肯定得益于尚武精神的支撑。但是历史上，有的时候国家发展的好，就很强盛，有的时候就被人欺负。我们传统文化里面有很好的东西，我们的凛然正气，文化的源远流长。但是我们的文化里面也有一些糟粕，文弱，瞧不起军人，不想流血、流汗，这种东西是不好的。德国人讲，我能用流血得来的东西，我如果流汗得来，那就是可耻，这就是一个尚武民族的精神境界。所以像《孙子兵法》云，不战而屈人之兵，这好像是到了一个较高的境界；但是我们不要忘记，你再好的计谋，如果没有力量支撑，那是苍白的计谋；你的愿望再高尚，没有实力来支撑，你的愿望是脆弱的愿望；你的和平，如果没有国防来支撑，你的和平是随时可以被别人剥夺的和平。

血性与担当

戴 旭

国防大学战略研究所副所长，空军大校军衔。毕业于空军电讯工程学院和空军政治学院，曾任空军地空导弹某部导航台长、新闻干事。代表作有《大空战》《海图腾》《C形包围》《盛世狼烟》等。

一、血性与担当的实践内涵

血性和担当，这个话题最近叫响了，从习近平主席对军队提出“四有”要求之后，血性这个词就传到我们社会民众之中，习主席要求新时代的军人要“有灵魂、有本事、有血性、有品德”，我觉得这是对军人的要求，何尝不是对我们全体中国人的要求？为什么要有血性和担当？我们一贯讲世界和平、和谐等等，常常忘掉了本质。我对今天的世界做一个简单的描述。

近代以来的五百年，世界经历了五个战国时代。先是西方凭借他们的工业技术征服全世界，所谓的地理大发现带来的是民族大压迫。欧洲人征服了世界的 84%，今天的澳大利亚、美利坚合众国，都是欧洲人走遍全世界的历史足迹。

第一个战国时代，经过与西班牙几百年的奋战，以大英帝国的建立为标志。

第二个战国时代是拿破仑时代，这个战国时代的范围主要局限在欧洲，部分到了非洲，以它的兴衰为标志，就没有停过征战。

第三个战国时代就是英国的杀戮，美国的崛起，英国被赶出了美洲。被赶出美洲的英国又跑到了中国，以中国被欧洲列强的瓜分为标志。

第四个战国时代是第一次世界大战，“五四运动”是由战争结果引发的重要记忆。

第五个战国时代就是第二次世界大战——世界反法西斯战争。

五百年当中，由于我们中国没有认清世界的基本特征，没有把握住世界技术革命和军事革命的双重机遇，让我们中华民族屡次遭受蹂躏，让我们民族陷入深重的劫难。我今天要跟大家交流的血性与担当，它不是一个概念，它是一个现实的课题。什么叫血性？血性就是勇气。血性对于个人，这是你年轻的一个标志；对于国家和民族，血性就是充满理想，看你这个民族有没有希望，就看你有没有血性，所以血性的有无是个人健康的一个标志，同时也是国家兴衰的根本原因。

实践结果的昭示。凡是在世界上建立了不朽业绩的国家和民族，没有一个是没有血性的，远的如罗马帝国，近的如大英帝国。凡是腐败横行的国家和民族都是毫无血性可言的。

那么担当是什么呢？责任的承接和使命的归结。血性和担当本身是一回事，是相辅相成的。我对担当的直观认识，是我到南海争议岛礁时，站在最前沿能直观感受到什么是担当，这就是中国的担当、海军的担当、领袖的担当、人民的担当。站在那个地方感觉到的不仅是自豪，既有国家层面的担当也有民族层面的担当，既有领袖层面的担当也有个人层面的担当。

我还想到了我经历的一些事情，2014 年有个维吾尔族的老人到北京，一些热心的北京人领他到毛主席纪念堂看了看，这是一个什么人呢？这是一个守墓的老人，他原来是叶城的一个小学的校长，20 世纪 70 年代当地招一个人给一个烈士陵园守墓，这是当年边防自卫反击作战牺牲的一些烈士，几百个烈士，他就主动报名，辞去了校长的职务去守墓。这个地方比较荒凉。当校长在当地是非常好的职业，因为大部分农民比较穷困，这是一个比较体面的工作。他到了烈士陵园以后，根据每个烈士的出生地，按照他们家的风俗习惯，他自己一个一个扫，给每个烈士的墓后按照他们的风俗栽上树。这个地方没有水，他自己赶着牛车到几十公里外去拉水，给这些树浇水。每天雷打不动地一定要扫一遍墓地。有人问你为什么这么做？他说我不能让他们在这个地方这么孤单，我在这个地方栽了他们熟悉的植物，就是让他们有一种回家的感觉，这个人一守守到了七十多岁，守不动了，最后把他的工作交给了他的儿子，他儿子继续守。说你有什么心愿呢？他说我的心愿就是到北京看看毛主席。告诉他毛主席已经去世了，他说那我看看毛主席住过的屋子，就是毛主席纪念堂。后来给他买了机票，北京一些热心的网友接待他，正好那天毛主席纪念堂不开放，结果他围着纪念堂转了几圈就回去了。这是什么精神？这就是国家忠义精神，忠义精神是我们普通人应该有的精神，也是一种担当精神，那些牺牲了的人也为国家担当了，他们用他们的方式担当。

二、中国故事——秦汉之志

血性与担当相结合，是担当实在的意义。今天我们围绕这个话题，把整个中华民族的历史回顾一遍，它已经构成了我们中国的故事，习主席不是说嘛，我们应该讲好我们自己的故事，那我们中国的故事应该怎么讲？我想了想，实际上就是血性与担当的故事，正面的和反面的不停地反复证明，已经构成了我们中国的故事，同时也是我们中华民族检视自身的新视角。

我们经常讲，天下兴亡、匹夫有责，为什么兴？为什么亡？实际上就是血性与担当反复不停地起着作用。我们两千多年走到今天，今天我们有了强国梦，强国梦的延伸是强军梦，实际上强国梦也是我们民族的英雄梦。我们今天的“一带一路”，很多人理解为是一个经济概念或者是一个经济战略，我更愿意理解为一种精神的延伸，如何担当？我觉得历史当中潜藏着关于未来的所有内涵。

中国作为一个政治实体登上历史舞台的开始——秦朝。春秋战国时期的秦国，是一个非常血性的国家。很多人理解秦朝过于残忍，非常的血腥，我们不能用今天的眼光看待古代人的做法和观念。秦朝这个担当体现在什么地方？就是当时的中国经历了几百年的战乱，人民流离失所，这个民族需要担当，出现了秦始皇，出现了一批时代的英雄，把国家拯救了。大家都知道，秦国是虎狼之师，这个词实际上就说明了什么叫血性，没有血性能统一列国吗？有时候我们讲文明之师，但只有胜利之师才应是军人课题。

为什么军队提出要有血性？军队干的就是这个事情，这就是你最突出的事情。其他的方面也可以强调，但是唯独血性是最应该具有的。秦始皇首先解决了这样一个大问题，由此，中国诞生了。马克思说，无畏的人，天地一切力量都可以成为他的助力。这就是秦始皇为什么能够成功的原因所在，他各方面都不占优势，为什么能赢？因为他有助力。但是，秦朝很快灭亡了。到了秦二世，它的血性就丧失了，担当就放下了。一个最典型的例子就是建房子、盖公园、筑围墙，不思进取。打列国的时候一个目标接着一个目标，打完列国，当一个国家的统治者首先想到守家底而不思进取的时候，你的血性就没了，那你的担当就没了。

我们现在结合美国看，为什么美国不停地打仗？大家可以从学术这个角度看看，美国这个国家是由一些冒险者组成的，如果他们不是每时每刻都在积极进取，它怎么凝聚全世界这么多信仰不同、文化不同的人？它的诀窍是什么？永远有目标，而且目标永远在前方，不停地进取。如果把血性放下了，担当放下了，就没有能力解决新的课题，这就是灭亡的开始，世界历史、中国历史兴衰的规律全都在此。

到了汉朝，它解决的是秦始皇没有解决的问题。今天我们为什么叫汉族，与此有关联。汉朝最值得人们自豪的，就是汉武帝时期，果断的开拓西域。汉朝的军队打过以后留下两大遗产，一个是丝绸之路，这是给我们留下的一大遗产，是地理遗产也是经济遗产。我们今天还没有申请的世界非物质文化遗产，就是“男子汉”这个称谓。这也是让我们后世最为自豪的，一个二十多岁的皇帝用了一个十几岁的大将，也用了一个二十几岁的元帅，就做了这么大的事情。血性与担当，结合得非常完美。打通贸易走廊不仅对经济起了很大作用，还开拓了一代风气，这就是我们中华民族血性的重要起源。

秦始皇，秦朝开国皇帝，中国历史上第一位皇帝。

只是，当文人的乌托邦和平主义到来的时候，中华民族的血性衰落了，使汉族成为没有精神信仰和坚定意志的民族。中国历朝历代的灾难并不是贫困导致的，而是在腐败和堕落当中导致的，而且中国历朝历代恰恰是因为怕战、厌战而亡的。汉武大帝开拓了一部伟大的史诗之后，匈奴被打败之后，惰性出来了，打累了，不愿意再打了，向往和平了。到了汉朝后期就是三国，国家分裂了。

三、中国故事——唐宋遗风

中国历代王朝最成功的是唐朝。唐朝也给我们留下了文化遗产，美国今天也在学，就是联合国。唐朝当时的联合国比今天美国牛多了，美国的盟主和我们当时的盟主不可同日而语，当时李世民是一个国际盟主，它是一个国际组织的领袖。这个帝国怎么出来的呢？你看看那个时候的边塞诗，这就是强悍民族的气概。

唐王朝—— 一个震惊世界的中国，唐太宗使外敌害怕中国。什么叫强大？使侵略者害怕。毛主席说建设一支强大的海军，使敌人怕，什么时候你让敌人怕了，你就强大了。中国特别有自信地说出这句话：就一个指标——敌人怕不怕你？怕你你就强大了。你看那边过来一头牛，你不怕，那如果过来一只老虎呢？哪怕这个小老虎刚刚出生的，往这边一走，其他动物全都害怕了，因为它具有强大的基因。

唐太宗，唐朝第二位皇帝，杰出的政治家、军事家，在位时开创了“贞观之治”。

李世民的时代，盖世武功，在世界上形成了一种心理反馈。当年李世民对唐朝的定位，一下子让天下民心臣服了，共同捍卫它的尊严，所有人愿意成为你的属国，国与国之间有什么纠纷你要来调解，唐朝当时扮演的角色是调解，不管有什么纠纷你出面，其他国家对你服从。

今天美国人还达不到这种不怒自威的水准。唐朝扮演了这样一个联合国的角色，唐朝最早在世界上建立了真正的联合国。这就是国家的担当，你有这个和平责任，而且这种担当也是作为一个大国对世界和平最基本的担当。

后来我们新中国为朝鲜、为越南提供了安全保护。但是这个风力还有点小，威风还不够。到咱们能向更多需要安全的国家提供我们公共产品的时候，我觉得我们离强大就已经很近了。中国历史上非常大的问题，就是不能保证有血性有担当的人一代接一代一朝接一朝地大量产生出来。唐太宗之后很多很多年就很难见到这样的英雄人物，这是我们中国历史上一个大难题，一个历史上的难题，李世民之后再没有了，盛唐之后是中唐。唐朝的后期更要命，环顾天下，四方无敌，开始玩儿了，皇帝不干正事儿了，谈恋爱去了，谈不完的恋爱——堕落的标志。你已经堕落了，敌人就开始打你——安史之乱，差一点亡国灭族。

宋朝，是我们中华民族血性大沦丧的时代，这个大沦丧有几个标志，以贸易求稳定、以金钱换和平。一个靠军人发动政变夺取的政权，变成特别的“文”，让我们自汉朝以来这样的一种血性精神发生了整体的沉沦。有一个字“败”，中国人创造这个字啥意思？你有钱、又有武就可以开创汉朝这样的盛世；你有钱，光搞文化去了，你就败了。

你看宋朝这些君臣主要干什么呀？给进犯的外敌钱。一看国库这么多钱，谁来找麻烦就给他点东西和钱。给了还不够，那双方做生意吧，你拿牛皮换我们的东西，我们的东西多得是，开始做生意了。那做生意，我们什么都有啊，凡是向中国挑衅的，这个给点钱、那个给点钱，想以金钱换和平、想以贸易求稳定，这是我们首开的先例。北宋那时候，辽国西夏屡次侵犯，宋朝年年给它送钱，一年给一次，赏赐的。它挑衅你还给它钱?! 这使我们想到了前几年，菲律宾，这么小的国家敢这么嚣张。所以我们国家一些外部和内部的问题，有些是跟我们的纵容、娇惯有直接的关系。

当时岳飞讲怎么才能天下太平？不是要调多少兵，而是要文人不爱钱、武将不惜死，天下就太平了。宋朝的军队开创了中国历史上的一个先例，上百万军队，整体上没有血性。南宋跟这个求和，跟那个求和。给人家送钱，不管谁都送钱，你就是告诉人家你可以容忍屈辱，你是故意让人家过来打你嘛！宋朝惯的这毛病，到最后怎么样？既然这边一闹给点钱，那边一闹给点钱。导致庙堂无神、遍地无将，军人蠢到根本不懂军事，当兵的也不行，最后灭亡了。

四、中国故事——明清日下

明朝时，中国仍是世界上幅员最辽阔的国家之一。明朝的地图，凡是那些蓝色的部分，就标三个字，大明海。但郑和七下西洋，不知道担当世界的重任。没有担当，没有解决时代面临的新课题，明朝为什么灭亡呢？原因是什么呢？叫外有强敌、内有豪贼，它的灭亡成就了一个当时非常落后的民族最辉煌的一代，这就是清朝。

当清朝建立的时候，中国主导世界的机遇已经没有了，这个时候整个欧洲都在拼命地扩张，世界进入第三次战国时代，那么在这个时候它如果能够抓住这个时代的课题，至少能够保证中国可以成为列强当中的一强。当时中国占世界的 GDP 是第一，英国是第五，但 GDP 真正解决不了什么问题。我们去年反思甲午战争，1814 年拿破仑在欧洲打得轰轰烈烈，大清国如果研究了拿破仑战争，中国和日本打甲午战争的时候就不是这个结果。

晚清的课题是什么呢？一个是赶紧把政治系统升级，在那个时代西方是最先进的。第二个是技术上，完成工业革命的升级。你想想中国那时候，煤炭就相当于今天的石油，当时一个德国人说中国的煤炭够世界用几千年，你如果完成了工业革命，用煤炭就可以抓住世界，当时没有抓住这个机遇。那个时候李鸿章和左宗棠，在那里争到底应该防陆地还是防海洋？想的还是防，你怎么不闯出去呢？没有血性。最后到了清朝快要完了，大清朝终于认识了自己的问题，光绪说我中国庸俗之吏多、豪杰之士少，你看，什么都明白。发文件、发圣旨，毫无实践，人民的意志逐渐消磨。为官者，一个是敷衍，一个是退缩，一有什么事儿请示领导——上交矛盾，这就是不敢担当，不敢担责任。最后清朝整个官员队伍到了什么状况？官无廉官、吏无能吏、盗无侠盗，偷东西的都没有像样的。晚清历史，世界处在一个混乱时代，而中国先天不足失血性，后天失调无担当，没有抓住崛起的机遇。

五、中国共产党人的历史担当

2015年，抗日战争胜利70周年。中国共产党人在抗日战争中的中流砥柱作用，蕴含了血性与担当在今天的现实意义。

“九·一八”事变发生以后，国民党为什么不抵抗？张学良说我实力不如人。吴佩孚曾说过一句，军人的实力就是死。什么是军队的实力？那就是看你有没有敢死的决心！军人的对抗就是敢死意志的对抗，你不敢死，你什么都不是，何谈实力？张学良说实力，我们就看看当时双方实力。张学良发电报给他的军队说开战我方必

中日甲午海战前的日本海军高千穗号巡洋舰上的官兵。

败，这个话跟当年李鸿章的话一样。“九·一八”事变发生的时候，张学良正规军队 20 万左右，日本军队是 1.5 万人加上地方治安队共约 2 万人，比例大概在 10∶1 左右。从装备看，张学良的部队是国民党军队当中唯一一支陆海空齐全的地方军阀，有装甲部队、有巡洋舰，很多装备是从德国进口的。而且还可以造机关枪，当时全国都没有。东北还有 3700 万的老百姓，80 万平方公里的国土，超过日本的国土两倍，这么大的面积、这么多人口，这么多军队和重装备，就用常规的打法，日本也远不是对手。但国民党却实行“不抵抗政策”，这就是没有担当。

2015 年纪念抗日战争胜利 70 周年，很多人替国民党说话，说共产党没有打多少大仗。但国民党丢掉这么大的国土，从上海一路退到重庆，就没有资格领导中华民族，你还好意思说你打了多少大仗！国民党有那么多武器不敢打，共产党有什么武器？ 1932 年中国共产党在江西刚刚建立革命政权，第一时间向日本宣战，当时中国所有政治力量中，第一个向日本宣战的是中国共产党领导的政府。而且说到做到，中国共产党领导的东北抗日联军与日军展开了艰苦卓绝的拼死奋战。杨靖宇将军战死疆场震动了整个日本帝国。杨靖宇将军是被一群叛徒汉奸出卖的，这也是我们中华民族最可耻的一幕，把自己的英雄送到敌人手中，还亲手把头砍下来送给日本人。当时日伪军把杨靖宇的胃切开，胃已经变形了，里面只有树皮、草根、棉絮，日本人极为震撼。他们感叹道，有杨靖宇这样的人，中国是不会亡的。

杨靖宇身上体现的是民族的尊严，中华民族取得抗战最终胜利，就是因为有共产党人的这种尊严、这种宁死不屈的精神。抗日战争全部的历史就是中华民族精神战胜日本强盗的历史。日本侵华战争失败的根源，不是国民党的会战，而在于遭遇到中华民族血性精神的顽强抗击。全中国遍地都有英雄好汉，我晋察冀军区，光是团级干部就牺牲了300多人，这就是中国共产党人在民族危亡时的血性担当！

当时八路军的精神——黄河之滨集合着一群中华民族优秀的子孙，人类解放救国责任全靠我们自己来担承。正是中国共产党人，把中华大地上星星点点的血性之光汇聚起熊熊烈焰，使侵略者葬身人民战争的火海。有个华侨，卖瓜子的，募捐18万。缅甸有个华侨把他自己全部房子都卖掉，所有资产捐得干干净净。需要有人把这样的能量凝聚起来，共产党就做了这样一件事，把中华民族凝聚起来，形成我们自己的精神“原子弹”。

全民族的血性与担当，被中国共产党深植于每一个人心中，人人都在担当民族的责任。中国当时形成这样一个局面，这是人类战争史上的奇观，人民都变成了战士，这也是最激动人心的一幕，这样的一幕让敌军崩溃。前线作战的日军说八路军游击队，像鼹鼠一样作战，让日军无从下手。

我们总结中华民族的历史，包括我们纪念抗日战争的胜利，我觉得最重要的就两个字——“自强”。清华大学校训八个字当中，“自强”最重要，整个中国近代史全是在追寻自强，你不自强什么都没有，不自强就是没有血性，你也没有担当。软弱、不自强对世界是最大犯罪，也是对民族复兴的不负责任。

共产党领导的新中国才成立一年，我们就出兵抗美援朝。你不敢出兵，你就没有责任意识，就没有人相信你。1840 年中国陆军失去了尊严，50 多年后的 1894 年中国海军又失去了尊严。新中国成立之初，从空中夺回了空军的尊严，从陆地夺回了陆军的尊严，把一百年的耻辱打得粉碎，这是整个中华民族的血性勃发，也是我们民族跨越千年的一个历史性回归。怎么培养我们民族的血性与担当呢？敬仰我们的历史，要把血性和担当作为我们国家和民族的宝贵财富，当成最珍视的遗产来敬仰。

我觉得一个人要是不懂爱国，书读得再多也是白痴。一个民族没有灵魂，人数再多也会无家可归。我们不要忘了，今天中国能走向世界，不是因为你口袋有几个钱，也不是因为你有多大的 GDP，那是因为有杨靖宇这样的民族英雄。我们要知道，烈士就是我们中华民族的勇士，就是我们的英雄。让为民族牺牲的烈士有尊严，我们的民族才能有尊严地站好，这是我们的良知和信仰的核心，也是中华民族复兴的基础所在。

网络世界正在对目前的秩序产生全面的影响，这个时候信仰已经上升为战略武器，英雄、血性已成为民族力量，也是我们立于不败之地的资本，而精神体系的辅助，又是物质力量得以释放的根基。怎样续写中国故事？每一代人都有自己的使命，我们的先人已经做出了他们应有的贡献，现在历史的接力棒传到了我们的手上，伟大的时代需要统帅、英雄和广大民众共同努力，国家要有国家的血性和担当，民族要有民族的血性和担当，领导要有领导的血性和担当，个人也要有个人的血性和担当，让我们为民族复兴、国家强大，奉献自身的一份力量。

后 记

中国军事文化讲坛开办以来，受到各界广泛关注和高度评价，取得了良好的社会效益。中国军事文化讲坛的各位主讲人，善于从政治和战略全局的高度观察思考问题，以历史维度、时代维度和世界维度的宏阔视野，对军事文化领域多个相关层面的问题，进行了深入的研究探讨，体现出高度的历史使命感和社会责任感，体现出精深的专业水准和学术造诣，在给观众以深刻的思想启迪的同时，也很好地阐释了中国军事文化讲坛“富国强军、居安思危”的核心理念。

在《大国战略》文集面世之际，中国军事文化研究会中国军事文化讲坛秘书长曹育民将军、执行秘书长夏兴有将军并全体工作人员，向各位主讲人表示衷心感谢！向一直以来关心支持讲坛的各界人士表示衷心感谢！特别要向为讲坛的创办与发展，以各种不同方式给予重要支持与帮助的杨孙西、冯川建、任吉忠、王清波、吴来盛、李双军、郑新文、施宏、夏建军、房永生、王铁柱、龙沾卫、季会现、肖作军、高连峰、刘学东、靳会永、王俊峰、刘霞等热心人士表示衷心感谢和崇高的敬意！

编者

2017 年 5月